NATURWANDERFÜHRER

Norwegen

Zwischen Oslo und Narvik

Peter Mertz

Bruckmann

Inhalt

Natur-Wandern in Norwegen

Norwegen ist ein Land der unberührten Natur, die über weite Strecken heute noch ihre Ursprünglichkeit bewahrt hat. Gewaltige Gebirgsketten, wildschäumende Wasserfälle, einsame Hochfjells, hochalpine Gipfel und Gebirgsketten, sanfte Tallandschaften, der Duft des nordischen Waldes, ungebändigte Flüsse und von Schären durchbrochene Buchten charakterisieren Norwegens Vielfalt. Zudem finden wir in diesem Land entlang der gesamten Küste vom Süden bei Stavanger bis zum Nordkap die einzigartigen Fjorde. Im Hinterland versprechen vor allem die eigentümlichen und weitläufigen Hochebenen reiche Naturerlebnisse. Diese Welt aus Gletschern und Felsen wartet zudem mit außergewöhnlichen Superlativen auf: Der Jostedalsbreen ist der größte Gletscher auf europäischem Festland, die Hardangervidda stellt das größte Wildnisgebiet Europas dar, der Hornindalsvatn hält mit 514 Metern als tiefster See europäischen Rekord, der Vettisfossen ist mit 268 Metern Höhe der größte Wasserfall und der Galdhøppigen mit 2468 Metern der höchste Berg Skandinaviens, der Sognefjord schneidet sich als längster Fjord Europas 204 Kilometer ins Landesinnere ein und das Nordkap bildet mit 71° 8' nördlicher Breite die nördlichste Landspitze Europas.

Nach wie vor bietet das Wandern sicher die beste Möglichkeit, Norwegens Natur kennenzulernen. Die hier vorgestellten 20 Touren – vom Spaziergang bis zur zweitägigen Tour – führen durch Norwegens schönste Wandergebiete zwischen Oslo und Narvik und zeigen die Schönheit und Vielfalt der nordischen Pflanzen- und Tierwelt sowie die abwechslungsreichen Naturräume dieses Landes in ihrer ganzen Pracht.

Frühling am Lusterfjord, einem Seitenarm des Sognefjords im Westen der Gebirgslandschaft von Jotunheimen.

Der Prekestolen am Lysefjord nahe Stavanger.

Geologie und Entstehung Norwegens

Die nordnorwegische Topografie ist immer noch stark von der kaledonischen Gebirgsbildung geprägt. Erkennbare Zeichen dafür sind die hohen, steilen Gipfel wie Okstindan, Svartisen oder die Lyngenalpen, die aus Eruptivgestein und verwitterten Schieferarten bestehen.

Das heutige Gesicht Norwegens ist jedoch von Gletschern geprägt. Über Jahrmillionen wirkten sie als die Architekten der Landschaftsformen. Vor 50–60 Millionen Jahren begannen Bewegungen in der Erdkruste, die bis zu einer Milliarde Jahre alten Landmassen umzuformen. Ein Teil des uralten Faltengebirges, das auch aus der kaledonischen Gebirgsbildung (vor ca. 475 Millionen Jahren) hervorgegangen ist, sank unter den Meeresspiegel. Gleichzeitig hob sich aber das restliche Land an, insbesondere im Westen und Nordwesten. Die riesigen Hochebenen entstanden, während die Landmasse an den Küsten Hunderte Meter steil zum Meer abbrach. Über Jahrmillionen hinweg schlug das Meer mit heftigen Brandungswellen gegen diese Steilwände und zerklüftete sie. Im Landesinneren gruben sich auf der Oberfläche der Felsplateaus reißende Ströme in tiefen V-Tälern ins Gestein. Diese als Kerbtäler bezeichneten Einschnitte bildeten während der darauffolgenden Eiszeiten die Voraussetzung für die Entstehung der Fjorde. Mächtige, bis zu 2000 Meter dicke Eismassen überlagerten die felsigen Hochebenen und polierten die Gesteinsoberflächen. Weil die Gletscher jedoch nicht stehende, sondern fließende Gebilde sind, wanderten die Eismassen in den Kerbtälern in Richtung Meer und schürften sie zu sogenannten U-Tälern aus. Zusammen mit den nachschiebenden Eismassen erzeugten sie einen so gewaltigen Druck, daß manche Täler bis 1000 Meter unter den Meeresspiegel ausgefräst wurden. Je dicker die Gletscher waren, um so schneller konnten sie durch den gewaltigen Druck, den sie ausübten, abfließen und um so tiefer gruben sie sich in den Fels ein. Vor ungefähr 10 000 Jahren begann dann das Eis am Ende der jüngsten Eiszeit an den Küsten zu schmelzen, und das Meer drang in diese Trogtäler ein. Sobald die Eisbarrieren den Weg ins Landesinnere freigaben, überflutete das Meer die tief in das Gebirge eingeschnittenen Täler. Gleichzeitig hoben sich die Landmassen an, da das enorme Gewicht der Eismassen wegfiel. Die Fjorde mit den charakteristischen Steilwänden und glatt geschliffenen Flanken waren entstanden. Noch heute ist das Wasser in manchen Fjorden viel tiefer als im Meer selbst oder an

Blank geschliffene Felsen am Ostisen-Gletscher.

der Fjord-Mündung. Die Gletscher zogen sich in höhere Regionen ans Ende der Trogtäler zurück und hinterließen neben den Fjorden eine zerklüftete Meeresküste mit einer unglaublichen Länge von mehr als 21 000 Kilometern.
Der größte Teil Norwegens besteht aus einem Gebirgszug. Ausnahmen bilden die Ebenen rund um den Oslofjord und bei Trondheim, die durch Gletscherströme mit Schwemmaterial und Lehm aufgefüllt wurden. Nur wenige Gipfel dieses Gebirges waren so hoch, daß sie die mächtigen Eismassen überragen konnten. Heute erkennen wir an der Form des Gipfels deutlich, ob er unter den Eismassen lag oder aus diesen herausragte. Weist er Rundungen auf, flossen die Eismassen über ihn hinweg. Zeigt der Gipfel schroffe, kantige Formen, ragte er über die Gletscher und wird als »Nunataker« bezeichnet, ein Begriff aus der Sprache der Inuit. Auf diese Landinseln konnten sich vor allem Pflanzen zurückziehen und am Ende der Eiszeiten die Wiederbesiedelung der umliegenden nackten Felsen einleiten.

Die wichtigsten geographischen Begriffe für Wanderer

Auf den Wanderungen und in den Karten stößt man immer wieder auf norwegische Ortsbezeichnungen, deren Kenntnis die Orientierung wesentlich erleichtern. Hier eine Zusammenstellung der wichtigsten Begriffe.

Deutsch	Norwegisch
Abhang, Halde	hallet, halline
Alm	stu, seter, støl
Anhöhe, Gipfel	hø
Ausläufer	aksla
Bach	bekk
Berg, Gebirge	fjell
Bergbauernhof	sæter, seter, støl
Bergrücken	ås, åsen, hei
Bergwiese	voll, vollen
Brücke	bru
Bucht	bukt, bukta, våg, vågen, vik, vika
Ebene	vidda
Einschnitt, Paß	skardet
Fluß	elv
Gebirgskamm	rygg, ryggen, egg, eggi
Geröll	ur
Gipfel	nibba, pigg, tind, tindan
Gletscher	bre, fonn, jøkul
groß	store
Hügel	høgda, høgdene, hau
Insel	holm, holmen, øy, øya
klein	litle, vesle
Land-, Meerenge	halsen, halsane, eid, eidet
Landzunge	tangen
Meer, See, Ozean	hav
Moor	myr
nördlich	nordre
oberer	øvre
östlich	austre
Paß	strupen
Regierungsbezirk	fylke
Schutzhütte	lægret, lega, legene
See	sjø, sjøen, vatn, vatnet
Teich	tindane, tjørn
Spitze, Gipfel	nut, nuten, nutane, topp, toppen
Steiler Fels	hamar
Stein, Fels	stein, steinen
südlich	søre
Sund, Meerenge	sund
Tal	botn, botnen, dal, dalen
Touristenhütte	turisthytte
untere	ned, nedre
Wald	skog
Wasserfall	foss, fossen
westlich	vestre

Die liebliche Landschaft der Telemark bei Selfjord.

Pflanzenwelt

Weil Norwegen so schmal ist, wirken sich die klimatischen Einflüsse des Atlantiks bis weit ins Landesinnere aus. Die extreme Nord-Süd-Erstreckung Norwegens vom Skagerrak bis zum Eismeer läßt die Waldgrenze, die im Süden bei 1000 Metern liegt, bis zum Norden hin auf Meeresniveau sinken. Am Polarkreis endet der Wald etwa bei 500 Metern Höhe, im Süden treffen wir hingegen auf Laubwälder aus Eiche, Ulme, Esche und Buche. Die Fichte herrscht bis Mittelnorwegen rund um Trondheim vor, danach beginnt das Reich der Kiefern, das nördlich des Polarkreises vom Fjellbirkenwald abgelöst wird. Der wärmende Einfluß des Meeres ermöglicht, daß am Sør- und Sognefjord sogar Obstbäume gedeihen. Die extremste Abstufung der Lebensräume findet jedoch von den Tieflagen bis zu den Gipfelregionen der Fjells statt. Die Waldstufe bilden boreale Nadelwälder, die von großflächigen Mooren durchsetzt sind. Sobald es für den Nadelwald zu unwirtlich wird, tritt der Fjellbirkenwald an seine Stelle, der im Sommer von einem bunten und krautreichen Unterwuchs gekennzeichnet ist. Als lückiger, krüppelförmiger Gebüschwald leitet er schließlich zu den Fjellregionen über. Danach folgen das vegetationsarme Fjell mit Zwergstrauchheiden, Zwergweiden und Flechten. Die Liste der Pflanzen umfaßt 1800 Blütenpflanzen sowie 3000 Flechten- und Moosarten, obwohl manchmal regelrecht monotone Einzelvorkommen diesen Artenreichtum kaum erkennen lassen. Für die Menschen bleiben knapp vier Prozent bewohn- und bebaubare Fläche, rund 20 Prozent des Landes sind

Im nördlichen Gudbrandsdalen in der Nähe von Dombås.

von Wäldern bedeckt. Der Anteil der Seen und Moore beträgt gerade zehn Prozent. Mehr als die Hälfte Norwegens liegt mehr als 500 Meter hoch, ein Viertel über 1000 Meter, aber nur die größten Gipfel erreichen Höhen über 2000 Meter. Fast zwei Drittel der Landfläche sind demnach Fjells, weshalb Norwegen mit Recht als Gebirgsland bezeichnet werden kann.

Der Süden und die Telemark

Die Landschaften Südnorwegens vom Oslofjord im Osten bis Stavanger im Westen und der Telemark werden von einem Wechsel aus Wiesen, Äckern und Laub- und Nadelwäldern bestimmt. In die sanften Hügelketten Südnorwegens, die oft von wogenden Kornfeldern goldgelb gefärbt sind, liegen tiefblaue langgestreckte Seen eingebettet. Hier treffen wir zwischen den Kulturflächen auf mitteleuropäisch geprägte Laubwälder aus Esche, Buche, Eiche und Ahorn. Die Küsten selbst zeigen schärenähnliche Ausbildungen und gelten als Paradies für Taucher. Die nördlich anschließende Telemark weist zum ersten Mal den typischen Eindruck einer nordischen Landschaft auf und enthält ursprüngliche Nadelwälder, zahlreiche Moore und kleine Seen. Sie stellt den Übergang zur Hochebene der Hardangervidda und der nördlichen Bergregionen dar. Die Telemark wird auch durch einen relativ hohen Anteil an Kulturlandschaften geprägt, die aus dem jahrhundertelangen Kampf des Menschen auf der Suche nach Lebensraum und Ackerland hervorgegangen sind. Eindrucksvolle alte Hofformen und Holzhäuser sind auch heute noch überall zu sehen. Sie liegen oft in lieblichen Landschaften, umgeben von Mooren und Wäldern.

Die Täler

Die Tallandschaften Norwegens, die hauptsächlich zwischen Oslo und Trondheim zu finden sind, werden meist mit dem Gudbrandsdal, dem »Tal der Täler«, gleichgesetzt. Es nimmt bei den Norwegern einen besonderen, ehrwürdigen Platz ein. Es ist nicht nur das größte und längste Tal, sondern zeichnet sich auch durch eine fruchtbare Bauernlandschaft aus, die von typischen nordischen Wäldern umschlossen wird. Sobald wir den oberen Talrand verlassen haben, schließen sich menschenleere Fjells an. Weil das Gudbrandsdal in der Kulturgeschichte Norwegens eine so bedeutende Rolle spielte, wird der lieblichen Landschaft so viel Gewicht beigemessen. Das Tal, das von der E 6 durchzogen wird und den Weg nach Norden weist, stellt wie kaum eine andere Region so lebendig den Reibungsprozeß zwischen Natur und Kultur, Tradition und Moderne zur Schau. Das weitläufige Gebiet überrascht neben den Ortschaften wie Lillehammer, Hamar, Otta oder Dombås mit üppigen Flußlandschaften, Norwegens größtem See, dem Mjøsasee, und ausgedehnten Waldgebieten. Die Sonnenseite des Tals ist von einem Mosaik aus Äckern, Wiesen und Weideland geprägt. Daran schließen unmittelbar die Gebirgslandschaften wie Rondane, Jotunheimen und Dovrefjell an. »Außer Badeständen am Meer«, so sagen die Norweger »trifft man im Gudbrandsdal alles an, was Norwegen zu bieten hat« – von der belebten, gefälligen Kleinstadt über die typischen roten Bauernhäuschen bis zu den einsamen Regionen des ewigen Eises.

Das Fjordland

Eine der auffälligsten, wenn nicht die bedeutendste Landschaftsform Norwegens

 Der Aurlandsfjord, ein Seitenarm des Sognefjords, reicht bis an den Nordrand der Hardangervidda heran.

ist das Fjordland. Es gilt auch als der Inbegriff Norwegens. Es beginnt in Südnorwegen mit dem Flekkefjord und reicht eigentlich bis zum Nordkap, auch wenn man unter dem typischen Fjordland meist das Gebiet zwischen Stavanger und Ålesund versteht. Die größten und eindruckvollsten Fjorde sind der Sogne-, Hardanger-, Geiranger- und Nordfjord. Die aus dem Meer aufragenden Felswände sind oft so steil, daß sich auf ihnen kaum Pflanzen halten können. Andererseits ermöglichen es die tief ins Landesinnere einschneidenden Meeresarme, daß am Fjordende ein durch den Golfstrom geprägtes milderes Klima herrscht. So wachsen zum Beispiel im Gebiet nördlich des Jostedalsbreen Lindenwälder in unmittelbarer Nähe der Gletscher, obwohl ihre Verbreitungsgrenze weit südlicher endet. An den Sonnenhängen des Sørfjords oder des Hardangerfjords gedeihen trotz nordischer Lage Obstbaumkulturen. Im Anschluß an die Fjorde lassen die großen Gletschergebiete wie Jostedalsbreen oder Svartisen erkennen, wie es zur Eiszeit in Norwegen ausgesehen haben mag. Das Wechselspiel aus Vorrücken und Abschmelzen ist in diesen Gegenden bis heute nicht beendet und ermöglicht die Beobachtung lebendiger Erdgeschichte. Eindrucksvolle Trogtäler mit türkisblauen Seen erstrecken sich von den vergletscherten Bergkuppen in alle Richtungen.

Die Fjellgebiete und Hochgebirge

Anders als in Mitteleuropa wird die norwegische Gebirgsnatur von weiten, baumlosen Hochebenen, den Fjells, beherrscht. Diese gletschergeformten Landschaften sind von beeindruckender Kargheit und Eintönigkeit. Die Norweger gebrauchen den Begriff »Fjell« für eine baumlose

Ein bekanntes Pflanzenschutzgebiet: die weite Hochebene rund um den Hardangerjøkullen bei Finse.

Die Rundblättrige Glockenblume.

Landschaft oberhalb der Nadelwaldgrenze. Umfassender sind unter »Fjell« jene Landschaften zu verstehen, die während der Eiszeit überformt wurden, zusammen mit den Gipfeln, Graten und Bergrücken. Zum Fjell gehören aber auch die kleineren und größeren Gletscher, wie der Jostedalsbreen, das größte geschlossene Gletschergebiet Europas. In jedem Fall sind Fjells weitgehend unberührte Naturlandschaften, in denen man sich relativ leicht fortbewegen kann, zumindest bei gutem Wetter, mit guter Ausrüstung und ausreichender Kondition. Der unterste Abschnitt am Übergang von den Tallagen ist durch Fjell-Birkenwald charakterisiert. Dieser je nach Höhenlage hochwüchsige bis krüppelförmige Waldtyp besteht hauptsächlich aus Moorbirken *(Betula pubescens)*, deren Stämme sich im Gegensatz zur Hängebirke *(Betula pendula)* verzweigen. Sie wirken dadurch eher wie Büsche, sobald die Bäume infolge der klimatischen Bedingungen in den Hochlagen nur mehr drei bis vier Meter hoch werden. Im Sommer leuchten im Birkenwald zahlreiche Blumen in allen Farben: blau der Nordische Eisenhut *(Aconitum septentrionale)*, violett der Waldstorchschnabel *(Geranium sylvaticum)*, gelb die Goldruten *(Solidago virgaurea)*, rot die Schmalblättrigen Weidenröschen *(Epilobium angustifolium)* und weiß der Wiesen-Kerbel *(Anthriscus silvestris)*. Das eigentliche Fjell beginnt an der untersten subalpinen Stufe, sobald kein geschlossener Wald mehr aufkommen kann. Zwergstrauchheiden aus Besenheide *(Calluna vulgaris)*, Krähenbeere *(Empetrum nigrum)* und Rauschbeere *(Vaccinium uliginosum)* sowie Moose und Flechten bilden einen teppichartigen Bewuchs. Strauchflechten herrschen in den trockenen Fjellgebieten wie Dovre und Rondane vor. Mit zunehmender Höhe wird die Vegetation infolge der extremen klimatischen Verhältnisse lückiger. Alpenazaleen *(Loiseleuria procumbens)* übernehmen die Rolle der Zwergsträucher und werden bald von alpinen Rasenmatten abgelöst. Dazwischen gedeihen Alpenkräuter, die meist besondere Anpassungen »erfinden« mußten, um in dieser rauhen Gebirgsnatur zu überleben. Immerhin stehen oft kaum mehr als vier bis sechs Wochen zum Wachsen, Blühen und Fruchten zur Verfügung. Polster- oder Kriechwuchs hilft, die geringe Bodenwärme besser auszunützen. Extrem langsam wachsen die Zwergweiden wie Netz-, Kraut- und Polarweide. Die kleinsten »Bäume« der Welt entwickeln pro Jahr nur zwei Blätter und erreichen nach 50 Jahren kaum mehr als fünf Zentimeter Größe. Die obere alpine Stufe, etwa ab 1800 Metern, bevölkern die sogenannten Schuttsiedler, die auf den Steinschutt-Rohböden eine lückige Vegetationsdecke ausbilden. Alpensäuerling *(Oxyria digyna)*, Steinbrecharten *(Saxifraga)*, Arktischer Mohn *(Papaver radicatum ovalilobum)* und Gletscherhahnenfuß *(Ranunculus glacialis)* sowie Flechten und Moose gehören zu den häufigsten Arten. Auf kalkreichen Böden bildet die Silberwurz *(Dryas octopetala)* weiße Blütenteppiche. In die höchsten Gipfelregionen wie zum Beispiel am Galdhøppigen in Jotunheimen dringen nur noch Flechten vor sowie der Gletscherhahnenfuß, der mit 2300 Höhenmetern den Rekord unter den Blütenpflanzen hält.

Die wichtigsten Pflanzen der verschiedenen Vegetationsstufen

Borealer Fichtenwald

Fichte	*Picea abies*
Siebenstern	*Trientalis europaea*
Heidelbeere	*Vaccinium myrtillus*
Netzblatt	*Goodyera repens*
Krähenbeere	*Empetrum nigrum* ssp. *hermaphroditum*
Rauschbeere	*Vaccinium uliginosum*
Nordisches Moosglöckchen	*Linnea borealis*
Waldsauerklee	*Oxalis acetosella*

Nordischer Föhrenwald

Schneeheide	*Erica carnea*
Waldkiefer	*Pinus sylvestris*
Rentierflechte	*Cladonia stellaris*
Preiselbeere	*Vaccinium vitis-idaea*
Rotstengelmoos	*Pleurozium schreberi*
Krähenbeere	*Empetrum nigrum*
Immergrüne Bärentraube	*Arctostaphylos uva-ursi*
Besenheide	*Calluna vulgaris*

Nordischer Birkenwald

Moorbirke	*Betula pubescens*
Nordischer Eisenhut	*Aconitum septentrionale*
Waldwachtelweizen	*Melampyrum sylvaticum*
Steinbeere	*Rubus saxatilis*
Zweiblütiges Veilchen	*Viola biflora*
Schwedischer Hartriegel	*Cornus suecica*
Zwergbirke	*Betula nana*
Heidelbeere	*Vaccinium myrtillus*
Lebendgebärender Knöterich	*Polygonum viviparum*

Nordische Hochstaudenflur

Nordischer Eisenhut	*Aconitum septentrionale*
Trollblume	*Trollius europaeus*
Straußfarn	*Matteuccia struthiopteris*
Waldstorchschnabel	*Geranium sylvaticum*
Erzengelwurz	*Angelica archangelica*
Schmalblättriges Weidenröschen	*Epilobium angustifolium*
Berg-Frauenfarn	*Athyrium disentifolium*
Platanenblättriger Hahnenfuß	*Ranunculus platanifolius*
Alpen-Milchlattich	*Cicerbita alpina*

Hochmoore

Scheidiges Wollgras	*Eriophorum vaginatum*
Moltebeere	*Rubus chamaemorus*
Zwergbirke	*Betula nana*
Moosbeere	*Vaccinium oxycoccus*
Torfmoose	*Sphagnum* sp.
Rauschbeere	*Vaccinium uliginosum*
Schmalblättriges Wollgras	*Eriophorum angustifolium*
Rasenbinse	*Trichophorum caespitosum*
Sumpfporst	*Ledum palustre*
Rosmarinheide	*Andromeda polifolia*
Blutwurz	*Potentilla erecta*

Fjell

Silberwurz	*Dryas octopetala*
Lappländische Alpenrose	*Rhododendron lapponicum*
Berg-Ehrenpreis	*Veronica fruticans*
Stengelloses Leimkraut	*Silene acaulis*
Gegenblättriger Steinbrech	*Saxifraga oppositifolia*
Bergheide	*Phyllodoce caerulea*
Gletscherhahnenfuß	*Ranunculus glacialis*
Straußsteinbrech	*Saxifraga cotyledon*
Nickender Steinbrech	*Saxifraga cernua*
Alpensäuerling	*Oxyria digyna*
Vierkantige Cassiope	*Cassiope tetragona*
Diapensie	*Diapensia lapponica*
Landkartenflechte	*Rhizocarpon geograficum*
Lappländisches Läusekraut	*Pedicularis lapponicum*
Fetthennen-Steinbrech	*Saxifraga aizoides*

Tierwelt

Reptilien und Amphibien

Reptilien und Amphibien sind mit insgesamt nur acht Arten vertreten. Die lebendgebärenden Arten Waldeidechse und Kreuzotter sowie Ringelnatter und Blindschleiche repräsentieren die Reptilien, während Erdkröte, Moorfrosch, Grasfrosch und Teichmolch die Amphibien vertreten.

Fische

Norwegens Flüsse sind für ihren großen Fischreichtum bekannt, der von Lachsen über Hechte, Forellen, Äschen und Meersaiblingen in den nördlichen Regionen reicht.

Vögel

Die Vogelwelt Norwegens entspricht zum Teil der mitteleuropäischen, angereichert durch einige typisch nordische Arten. Auf den Fjellebenen fällt der Goldregenpfeifer mit seinem schrillen Warnruf auf. Ferner kommen hier das Odinshühnchen und der Mornellregenpfeifer vor. Die gebüschreichen Fjellgebiete sind das Reich von Bergfink, Birkenzeisig und Blaukehlchen, das sich in Skandinavien durch einen rostroten Kehlfleck von der mitteleuropäischen Art unterscheidet. Treten in einem Jahr besonders viele Kleinnager auf, herrschen für Schnee-Eule und Sperbereule ein günstiges Nahrungsangebot. In den einsamen Weiten der Finnmark und Nordostnorwegens lebt der seltene Bartkauz. Steinadler und Gerfalke kann man im ganzen Land in den gebirgigen Regionen bei ihren Rundflügen beobachten. Die zahlreichen Sümpfe und Seen sind ein Paradies für zahllose Wat- und Wasservögel. Der Alpenstrandläufer besucht am häufigsten die flachen Zonen der Moore, um im Schlamm nach Nahrung zu suchen. Gänsesäger und Prachttaucher leben an den Waldseen der Tundra. Auerhuhn und Moorschneehuhn bevorzugen die waldreichen Gebiete, während das Alpenschneehuhn in den kargen Bergregionen recht zahlreich zu finden ist. In den höchsten Gebirgen brütet nur noch die Schneeammer, die auch am weitesten nördlich anzutreffen ist. An den zahllosen unverbauten Flüssen und Bächen findet Norwegens Nationalvogel, die Wasseramsel, optimale Lebensbedingungen. In den dichten Nadelurwäldern können wir Schwarzspecht, Baumpieper, Misteldrossel, Grauschnäpper und Gartenrotschwanz beobachten. Spricht man von der norwegischen Vogelwelt, dürfen die Vogelinseln an der Atlantikküste nicht fehlen: Runde, Røst und Værøy. Papageitaucher, Trottellummen, Krähenscharben, Dreizehenmöwen und Baßtölpel bilden auf den geschützten und dem Meer zugewandten Felsen

Der Goldregenpfeifer – hier im Sommerkleid – lebt auf den kahlen Hochfjells.

Die Krähenscharbe ist auf der Insel Runde heimisch.

große Brutkolonien. Daneben kommen an den Küsten Seeschwalben, Fischadler, Eiderenten und Schmarotzerraubmöwen vor. Im Frühjahr kann man auf küstennahen Wiesen Kiebitze, Austernfischer und Bekassinen sehen.

Säugetiere

Aus der vielfältigen norwegischen Tierwelt ragt ein Tier besonders heraus, das jeder Nordlandreisende zu sehen erwartet: der Elch. Mit 200 000 Exemplaren ist er das berühmteste und größte Tier Norwegens. Doch da er scheu ist und einen unkonventionellen Lebensrhythmus pflegt – er ist vor allem in der Morgen- und Abenddämmerung aktiv –, wird man ihn selten in seinem angestammten Lebensraum, den Sümpfen und dichten Wäldern, zu Gesicht bekommen. Wegen der Größe der Tiere, sollte man, um gefährliche Zusammenstöße zu vermeiden, die Warnung vor einem Elchwechsel beim Autofahren unbedingt ernst nehmen. Die größten Elchbestände finden wir in den Waldgebieten der Telemark und im Bezirk Trøndelag. Auch den Rentieren begegnen wir vorzugsweise am Straßenrand. Sie sind das untrügliche Anzeichen, die Grenze zu Lappland überschritten zu haben. Die meisten werden als »halbwilde Haustiere« gehalten und gehören den Samen, den Ureinwohnern des Nordens. In den südlichen Hochflächen leben Wildrentiere nur noch auf der Hardangervidda und im Rondane-Nationalpark.

Als Relikt der Eiszeit treffen wir am Dovrefjell und in der Region rund um den Femundsee auf Moschusochsen, die einst in ganz Norwegen lebten. Sie wurden wieder angesiedelt und stammen aus Kolonien, die man am Ende des Zweiten Weltkrieges aus Grönland nach Südnorwegen brachte. Große Raubtiere wie Braunbär und Wolf sind auch in Norwegen selten geworden und durchstreifen nur mehr die Regionen oberhalb des Polarkreises. Auch der Luchs war, da die Rentierzüchter Jagd auf ihn machten, beinahe verschwunden; kleine stabile Populationen findet man bevorzugt in Nationalparks. Etwas häufiger sind noch Fuchs, Eisfuchs und Vielfraß anzutreffen. Als typisch nordisch gilt natürlich auch der Berglemming, der die Tundren und Hochfjells bevölkert. Wie Spitzmaus, Hermelin und Zwergmaus übersteht er den rauhen Winter in Gängen unter dem Schnee, wo die Temperatur lediglich um den Gefrierpunkt liegt.

Lebt auf dem baumlosen Fjell: die Schnee-Eule.

Wanderfreuden in der Hochgebirgslandschaft des Leirdalen im Jotunheimen-Nationalpark.

Tips für Wanderer

Das Wanderwegenetz ist insbesondere in Süd- und Mittelnorwegen überaus dicht; der Norwegische Bergwanderverein ist nicht nur um die Erhaltung und Markierung der Wege (rotes T) bemüht, sondern unterhält entlang der Wanderrouten ca. 300 Übernachtungshütten. Viele der schönsten Wanderwege führen durch Gebiete, die aufgrund ihrer landschaftlichen Reize und der wertvollen Flora und Fauna als Nationalparks ausgewiesen wurden. Wegen der Unberührtheit und Weitläufigkeit des Geländes eignen sich jedoch nicht alle Wanderungen für jedermann. Viele »klassische« Touren benötigen mehrere Tage und können nur mit spezieller Ausrüstung und Trekkingerfahrung absolviert werden. Gerade bei schlechtem Wetter können einfache Wege schwer zu begehen sein, weil sie unter Wasser stehen oder morastig und rutschig sind. Bäche, die bei Trockenheit leicht zu überqueren sind, können nach Regenfällen zu unüberwindlichen Hindernissen werden. Deshalb sollte man stets mit optimaler Ausrüstung unterwegs sein und die eigenen Fähigkeiten und Kräfte richtig einschätzen.

Die meisten Vorschläge in diesem Buch umfassen Tagestouren. Trotzdem führen manche in weitläufige Berggebiete und vermitteln den Eindruck der fast grenzenlosen norwegischen Fjell-Landschaften. In solchen Regionen empfiehlt es sich, zusätzlich eine vor Ort gekaufte Wanderkarte und eventuell einen Kompaß mitzunehmen. Am besten eignet sich jeweils die »Turkort« der staatlichen Kartografieanstalt »Statens kartverk« im Maßstab 1:50000, die es lückenlos für ganz Norwegen gibt. Die entsprechenden Kartennummern finden Sie bei der jeweiligen Wanderung. Auch ein Fernglas sollte bei der Ausrüstung nie fehlen, da man immer damit rechnen kann, entlang der Wanderwege Tiere beobachten zu können. Wir sollten ihnen jedoch immer mit Respekt begegnen und sie aus sicherem Abstand beobachten. Als beste Zeit für Wanderungen eignen sich die Monate Juli bis September, in denen das Wetter stabiler ist und nicht mit Schnee gerechnet werden muß. Schon Mitte September beginnt der

Herbst; er verwandelt die Landschaft in ein Farbenspiel aus Rot, Orange und Gelb und macht Wanderungen bei schönem Wetter zu einem unvergeßlichen Erlebnis. Bei schlechtem Wetter kann aber bereits in mittleren Lagen der erste Schnee fallen.
Wandern in Norwegen bedeutet wandern in einem Land mit extremen Klimabedingungen, die mit mitteleuropäischen Verhältnissen nicht zu vergleichen sind. Die richtige Ausrüstung ist deshalb von besonderer Bedeutung.

- Nehmen Sie immer Gummistiefel mit Profilsohlen mit. Manche Strecken, auch wenn sie flach durch den Wald führen, sind vor allem nach Regen mit Wanderschuhen oder Turnschuhen nicht zu begehen.
- Schlechtes Wetter gehört in Norwegen zum Alltag und kann sehr plötzlich eintreten, auch wenn Sie eine Wanderung bei Sonnenschein begonnen haben. Es ist daher wichtig, immer gute Regenbekleidung dabei zu haben.
- Auch wenn Wanderungen bei warmem Wetter mit kurzer Hose unternommen werden können, denken Sie daran, in Berggebieten wärmende Kleidungsstücke (Fleece-Jacken, Mütze, Handschuhe) mitzunehmen. Selbst im Sommer kann die Temperatur in Fjellgebieten bei ungünstigem Wetter rasch auf den Gefrierpunkt sinken.
- Sind Sie bei Sonne in Höhen über 1000 Meter unterwegs, gehört ein Sonnenschutzmittel in den Rucksack. Die dünne, klare Luft läßt mehr schädigende Strahlen durch, als man normalerweise gewohnt ist.
- Stecken Sie Ihre Wanderkarte oder diesen Wanderführer in eine regenfeste Plastikhülle. Entsprechende Kartentaschen sind in Norwegen in allen Sportgeschäften erhältlich.
- Sollten Sie mit kleineren Kindern wandern, können Sie mit einem Biwaksack oder einem Windsegel einen windgeschützten Rastplatz schaffen.
- Fast in allen Gegenden hat das Wasser Trinkwasserqualität.
- Für das Überqueren von Blockhalden, Schuttfeldern und Bächen können Teleskopstöcke eine große Hilfe sein.

Zu den Touren

Bei der Beschreibung der Tiere und Pflanzen werden – soweit vorhanden – die deutschen Namen verwendet. Bei den Pflanzen wird auch der lateinische Name genannt, da dieser beispielsweise in botanischen Gärten neben der landesüblichen norwegischen Bezeichnung angegeben ist. Somit wird das Bestimmen der Pflanzen erleichtert.
Die bei den Wanderungen angegebenen Piktogramme weisen auf die Themenschwerpunkte der jeweiligen Wanderung hin.

Die Tourenpiktogramme

Landschaft
Geologie
Insekten
Fische
Vögel
Säugetiere
Pflanzen
Schutzgebiet
Naturlehrpfad
Aussichtspunkt
Kulturdenkmal

Nur kurz gibt der dichte Fichtenurwald beim Abstieg vom Ormtjørnskampen den Blick auf die gegenüberliegende Alm Ormtjørnsetra und das anschließende Naturreservat Ormtjønnsmyra frei.

Nationalpark Ormtjernkampen

Im kleinsten Park Norwegens

Eine attraktive Halbtageswanderung führt uns in den Nationalpark Ormtjernkampen, der unweit des Gudbrandstales und der Stadt Lillehammer am äußerst reizvollen Gausdal-Vestfjell liegt. Zahlreiche Seen, leicht zu begehende Berge und viel unberührte südnorwegische Natur kennzeichnen diese freundliche Fjell-Landschaft. Schon die Anfahrt über den mehr als 800 Meter ansteigenden Vestfjellvegen gestaltet sich zum Erlebnis. Am Weg zum Park treffen wir auf das Pflanzenschutzgebiet Hynna und das Naturreservat Ormtjønnsmyra. Der relativ kleine Nationalpark enthält alle typisch nordischen Pflanzengesellschaften auf engstem Raum, vor allem aber die Fichtenurwälder, die der Grund für die Einrichtung des Parks sind. Vom Gipfel des Ormtjørnskampen genießen wir den grandiosen Rundblick auf das Gausfjell.

INFO

Ausgangsort/Zielort:
Parkplatz am Café Holsbru nahe der Brücke über die Dokkelva.

Tourencharakter:
Anmarsch auf leicht begehbarer Schotterstraße, im Park schwieriger, rutschiger Steig mit groben Steinen, jedoch problemlosen Steigungen. Bei Regen sehr naß; Stiefel sind unbedingt erforderlich. Wegweiser am Beginn des Steigs.

Gesamtlänge: 10 km

Gehzeit: 4–4,5 Std.

Natur beobachten

AUSSICHTSPUNKT

Vom Gipfel des Ormtjørnskampen können wir den gesamten Nationalpark mit den dichten Fichtenurwäldern sehr gut einsehen. Zu allen Seiten liegt uns das Vestfjell zu Füßen, im Nordosten erblicken wir den Dokkvatnet und die Dokkelva, im Norden ragt der 1124 Meter hohe Dokkampen auf, der mit felsigen Flanken zum See hin abbricht. Durch die Herbstfärbung werden die einzelnen Vegetationszonen ab Mitte September besonders deutlich.

SÄUGETIERE

Das Waldgebiet des Vestfjells wie auch des Nationalparks ist für seinen Reichtum an Elchen bekannt. Die riesigen, scheuen Waldbewohner kann man am besten in der Morgendämmerung beobachten. Luchs und Vielfraß halten sich nur gelegentlich im Gebiet auf, während der Fuchs ständig hier lebt. Der letzte Braunbär tauchte im Ormtjernkampen-Nationalpark um 1950 auf.

PFLANZEN

Ormtjernkampen, der mit nur neun Quadratkilometern der kleinste norwegische Nationalpark ist, besteht hauptsächlich aus den beiden aus Sandstein aufgebauten Bergen Ormtjørnskampen und Dokkampen im Norden des Parks. Zu deren Füßen breiten sich bis an den Rand des Dokkvatnet und des Ormtjørnet urwaldähnliche Fichtenwälder aus. Obwohl der Park so klein ist, können wir beim Aufstieg zum Gipfel alle Vegetations-

Der Natur-aktiv-Tip

Das Pflanzenschutzgebiet Hynna am FV 204 liegt gegenüber dem Almgebiet von Kittilbu. Es wurde 1990 gegründet und enthält auf 154 Hektar verschiedene Moortypen, Sümpfe, kleine Seen und Waldbäche.
Dazwischen breiten sich Wälder aus, die seit mehr als 50 Jahren nicht mehr bewirtschaftet wurden. Die enge Verzahnung naturbelassener Lebensräume stellt für die zahlreichen Vögel des Naturreservates wie Bekassine, Kiebitz, Regenbrachvogel, Prachttaucher, Bergente und Rotschenkel ein wertvolles Nahrungs- und Brutgebiet dar.
Die Almregion von Kittilbu, ebenfalls am FV 204 gelegen, besteht aus mehreren Höfen und Hütten. Vor kurzem richtete man in einem Blockhaus das »Utmarkmuseum« mit Schaustücken aus der zehntausendjährigen Geschichte des Vestfjells ein. Dabei sind auch Steinzeichnungen zu sehen, die man nahe der Dokkelva gefunden hat. Beim Museum beginnt ein drei Kilometer langer Natur- und Kulturlehrpfad, der unter anderem an historischen Elchfanggruben vorbei führt. Der Weg verläuft auch durch das Almgebiet von Snakhøl und Voldenseter, wo Höfe aus dem 18. Jahrhundert stehen. Auch ein alter Steinofen, der zur Eisengewinnung verwendet wurde, kann besichtigt werden. Informationstafeln am Weg erklären sowohl die kulturhistorisch wertvollen Gebäude und Anlagen als auch die Tier- und Pflanzenwelt des Gausfjells.

zonen Skandinaviens auf engstem Raum kennenlernen: Birkenwälder, Hochstaudenfluren, Fichtenurwälder und Zwergstrauchheiden. Am Westrand des Parks wachsen nordische Birkenwälder mit dem typischen krautreichen Unterwuchs aus Nordischem Eisenhut *(Aconitum septentrionale)*, Platanenblättrigem Hahnenfuß *(Ranunculus platanifolius)* und Goldrute *(Solidago virgaurea)*. Doch die eigentliche Besonderheit des Parks ist der Fichtenurwald. Weil die forstliche Nutzung ausblieb, existiert hier noch heute ein Kleinod der Natur mit zahlreichen seltenen Tier- und Pflanzenarten. Der reichhaltige Unterwuchs besteht aus Zwergsträuchern und den typischen krautigen Arten wie Maiglöckchen *(Convallaria majalis)*, Schattenblümchen *(Maianthemum bifolium)* und Quirlblättrigem Salomonssiegel *(Polygonatum verticillatum)*. Dieser bevorzugt die feuchten Hänge. Beeindruckend sind die groben Gesteinsblöcke und die alten, vermoderten Baumriesen, die dem mit Heidel- und Preiselbeeren *(Vaccinium myrtillus, V. vitis-idaea)* bewachsenen Boden eine reiche Struktur verleihen. An den Ästen der Bäume fallen die langgezogenen Bartflechten *(Usnea)* sowie der einem Urwald gleichende Unterwuchs des Waldes auf. Oberhalb der Waldgrenze überziehen Zwergstrauchheiden mit Rauschbeere *(Vaccinium uliginosum)*, Heidekraut *(Calluna vulgaris)*, Schwarzer Krähenbeere *(Empetrum nigrum)* und zahlreiche Flechten *(Cladonia-Arten)* den felsigen Untergrund. Bemerkenswert ist das Vorkommen der Bärtigen Glockenblume *(Campanula barbata)*, die man in ganz Skandinavien nur hier an den Hängen des Ormtjørnskampen findet. In den mitteleuropäischen Alpen ist diese Pflanze auf Hängen mit kalkhaltigem Boden heimisch, die vorwiegend mit Borstgras *(Nardus stricta)* bewachsen sind und beweidet werden.

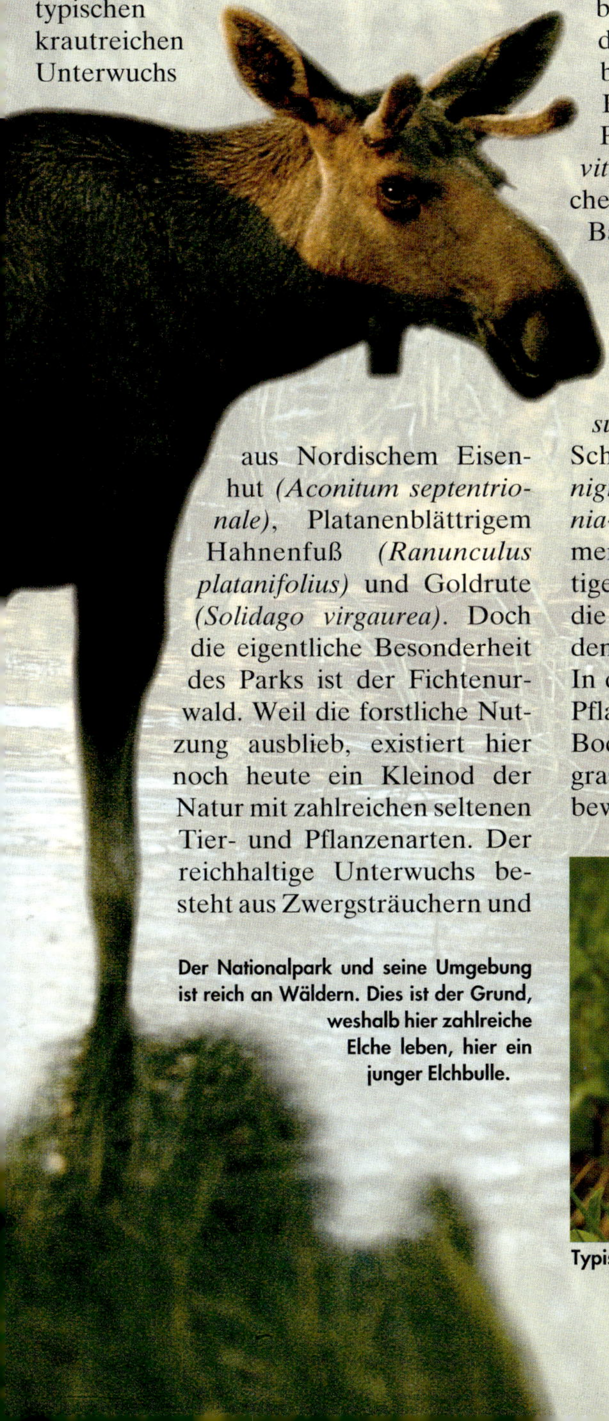

Der Nationalpark und seine Umgebung ist reich an Wäldern. Dies ist der Grund, weshalb hier zahlreiche Elche leben, hier ein junger Elchbulle.

Typische Pflanze des Fichtenwalds: der Siebenstern.

Der Birken-Röhrling ist ein schmackhafter Speisepilz.

Rentierflechte und Krähenbeere.

Ein Bach markiert den Eingang zum Nationalpark.

Wanderung durch einen Fichtenurwald

Wir beginnen unsere Wanderung in den Nationalpark am Parkplatz beim Café Holsbru, folgen zuerst der Straße FV 204 in Richtung Dokkelva und überqueren den wildreichen Fluß nach wenigen Metern. Von der Straßenbrücke sehen wir auf den schroffen Cañon des Flusses. Unterhalb der Brücke schießen die Wassermassen durch eine enge Schlucht, die aus Quarzphyllit besteht. Das Alter dieses Gesteins beträgt etwa 550 Millionen Jahre. Der Ormtjørnskampen selbst ist aus Konglomerat aufgebaut, das mit 250 bis 300 Millionen Jahren nicht nur viel jünger ist, sondern überhaupt das jüngste Gestein der Umgebung darstellt. Den Übergang zum Einschnitt der Dokkelva und den südlichen Fuß des Berges bilden Sandsteine. Wir steigen auf der Schotterstraße in einer Serpentine ein wenig an und ignorieren die nach links abzweigende Nebenstraße. 800 Meter hinter Holsbru erreichen wir den Ormtjønnvegen, der vom FV 204 nach rechts abzweigt. Eine Schranke versperrt den Weg für Fahrzeuge, doch für eine Gebühr von 50 Kronen erhält man von der Wirtin im Café Holsbru einen Schlüssel und könnte also auch noch ein Stück weiter fahren. Der kaum befahrene Weg führt auf einer Länge von zweieinhalb Kilometern bis zu einem kleinen Parkplatz am Nationalpark gegenüber der Alm Ormtjørnsetra. Nach der Schranke steigt der Weg sanft an. Sobald er wieder eben wird, haben wir die Feuchtgebiete des Naturreservats Ormtjønnsmyra erreicht, das sich links des Weges bis zur Alm Ormtjørnsetra er-

Grund für die Einrichtung des Nationalparks Ormtjernkampen war der Fichtenurwald.

streckt. Flachmoore mit offenen Wasserflächen, Schwingrasen, Verlandungszonen, Röhrichtbereiche und Weidengebüsche wechseln sich in diesem Sumpfgebiet ab. Rechts schauen wir auf den Ormtjørnskampen und das östliche Nationalparkgebiet, das völlig mit **Fichtenurwald** bedeckt ist. Nahe der Parkgrenze mischen sich Flachmoore mit den Waldgebieten, so daß das Gelände schwer zugänglich wird. Birken-Röhrlinge leuchten aus dem dunkelgrünen Dickicht hervor. Wir folgen dem Weg nach Westen und queren den kleinen Bach Ormtjørnbekken, der auf der rechten Seite gleichzeitig die Nationalparkgrenze darstellt. Nach einem Kilometer beginnt rechter Hand der See Ormtjørnet, der im westlichen Abschnitt des Naturreservates liegt. Dahinter ragt ein sanfter Hügel mit den Holzhütten und Weiden der Ormtjørnsetra auf. Nach knapp einer Stunde erreichen wir den mit einem verwaschenen Schild gekennzeichneten kleinen Parkplatz am Nationalpark.

Wir folgen an der Nordseite des Parkplatzes dem mit einem kleinen Wegweiser versehenen Steig, der zuerst über einen Bach und dann sofort in den dichten Fichtenurwald führt. Den 200 Meter vorher mit einem Wegweiser gekennzeichneten Steig lassen wir unbeachtet, auf diesem werden wir am Ende der Wanderung den Nationalpark verlassen.

Sofort fallen uns die **Bartflechten** an den Ästen der Bäume sowie der urwaldähnliche Unterwuchs auf. Der Weg verläuft leicht ansteigend um den Berg herum und führt von der Nordseite auf den Gipfel. Wir queren hochstaudenreiche und sehr dichte **Birkenwälder** am Westrand des Nadel-

Moos- und flechtenüberwachsene Äste.

waldgürtels; an einigen Stellen ist unser Weg mit kleinen Bächen identisch. Der gut ausgetretene, aber morastige Pfad verläuft durch den Fjellbirkenwald, begleitet von einem Saum aus **Waldstorchschnabel** *(Geranium sylvaticum)*, **Trollblumen** *(Trollius europaeus)* und **Platanenblättrigem Hahnenfuß** *(Ranunculus platanifolius)*. Allmählich nimmt die Höhe der Bäume und die Dichte des Waldes ab, es kündigt sich die Waldgrenze an. Wir erreichen ein Plateau zwischen unserem Gipfel zur Rechten und dem Dokkampen zur Linken (1 Std. 45 Min.), haben bereits mehr als 950 Meter Höhe erreicht und genießen den Blick auf den Park und das östliche Gausdal-Vestfjell. Der Weg schwenkt nun nach rechts und steigt am langgezogenen Rücken des Ormtjørnskampen empor. Die letzten Birken werden immer niedriger, bis sie den baumlosen **Zwergstrauchheiden** weichen, die uns nun bis zum kuppenförmigen Gipfel begleiten. Das Geflecht aus **Krähenbeere** *(Empetrum nigrum)*, **Bärentraube** *(Arctostaphylos alpinus)* und **Rentierflechte** *(Cladonia stellaris)* überzieht das Relief des Berges und liegt stellenweise fast ohne Humusschicht auf dem nackten Gestein auf. Nach 30 Minuten erreichen wir das Gipfelplateau dieses gerundeten Bergs. Trotz der eigentlich geringen Höhe von 1128 Metern überrascht uns eine gewaltige Aussicht. Zu allen Seiten liegt uns das Vestfjell zu Füßen: Im Nordosten erblicken wir die Dokkelva, das Gebiet rund um die Holsbru und in der Ferne die gekrümmte und langgestreckte Form des Sees Dokkfløy. Im Norden ragt der 1124 Meter hohe Dokkampen auf, dessen felsige Flanken zum See Dokkvatnet abbrechen (2 Std. 30 Min.).

Als Rückweg wählen wir den steileren Steig, der nach Südosten unmittelbar vom Gipfel abwärts führt. Durch dichte Zwergstrauchheiden und Flechtenfluren gelangen wir bald wieder in den Wald. Zuerst übernehmen Birken und Feuchthochstauden den Bewuchs. Sobald der Weg nach Westen schwenkt, verläuft er durch ein sumpfiges Tal abwärts. Nach 20 Minuten treten wir in den urwaldähnlichen Fichtenwald ein, ein Kleinod der Natur mit zahlreichen auffälligen Tier- und Pflanzenarten. Wir queren den steilen Hang. Auffällig sind die groben Gesteinsblöcke und die alten, vermoderten Baumriesen auf dem mit **Heidel-** und **Preiselbeeren** *(Vaccinium myrtillus, V. vitis-idaea)* bewachsenen Boden. Gut 30 Minuten dauert dieser Abstieg über den serpentinenreichen Weg (3 Std. 45 Min.), der ab und zu recht schmal und steil ist. Größere stufenartige Höhenunterschiede machen das Gehen schwer. Wenn wir weiter abwärts kommen, erkennen wir zwischen den Fichten das Gelände der Alm Ormtjørnsetra und den Ormtjørnet. Über eine weitere steile Geländestufe erreichen wir 200 Meter vor dem Parkplatz den Fahrweg Ormtjørnveien. Diesem folgen wir nach Westen in Richtung RV 255, passieren wieder das Naturreservat Ormtjørnsmyra und erreichen nach insgesamt 4 Stunden und 15 Minuten unseren Ausgangspunkt, das Café Holsbru.

Auf einen Blick

Empfohlene Jahreszeit:
Juni bis Ende September.
Öffentliche Verkehrsmittel:
Keine.
Anfahrt mit dem Auto:
Von Lillehammer (E 6) ca. 40 km über den Vestfjellvegen, RV 255 (großteils Schotterstraße) nach Westen über Fåberg, Segalstad Bru nach Forset, dort auf den FV 204 und über Kittilbu zur Holsbru; von Fagernes (E 16) oder Valdres über den FV 204 nach Osten bis zur Holsbru.
Empfohlene Gebietskarte:
Staatskarte M 1:50 000, Blatt 1717 II Synfjell.
Wegmarkierung:
Einzelne Wegweiser im Bereich des Nationalparks, keine Markierungen, Orientierung jedoch einfach.
Ausrüstungstips:
Gummistiefel oder zumindest hohe, wasserdichte Bergschuhe sind wegen der feuchten, wasserüberlaufenen Wege unbedingt nötig; bei Regen sind die Wege nur mit Stiefeln begehbar.
Einkehrmöglichkeiten:
Am Weg keine. Das Café Holsbru bietet Kaffee, Kuchen und kleine Imbisse.
Auskunft:
Café Holsbru, Utmark-Museum in Kittilbu, Gausdal Reiselivslag, Tel. 61 22 00 66.

Die Bärtige Glockenblume kommt in Skandinavien nur hier vor.

Unterkunft:
Einfache Campingplätze ohne Ausstattung am Liumsetervegen, Rastplätze entlang der FV 204, Campingplätze mit Ausstattung entlang der E 6 und in Lillehammer, Hotels in Lillehammer.
Museen:
Das Utmark-Museum in Kittilbu: etwa 1. Juni bis 1. Oktober geöffnet; Tel. 61 22 38 00.
Sonstiges:
Der mautpflichtige Liumsetervegen, der beim Café Holsbru abzweigt, bietet die Möglichkeit, das Nationalparkgebiet von der Nordostseite über den Dokkvatnet hinweg einzusehen; in Liumseter befindet sich eine DNT-Touristenhütte.

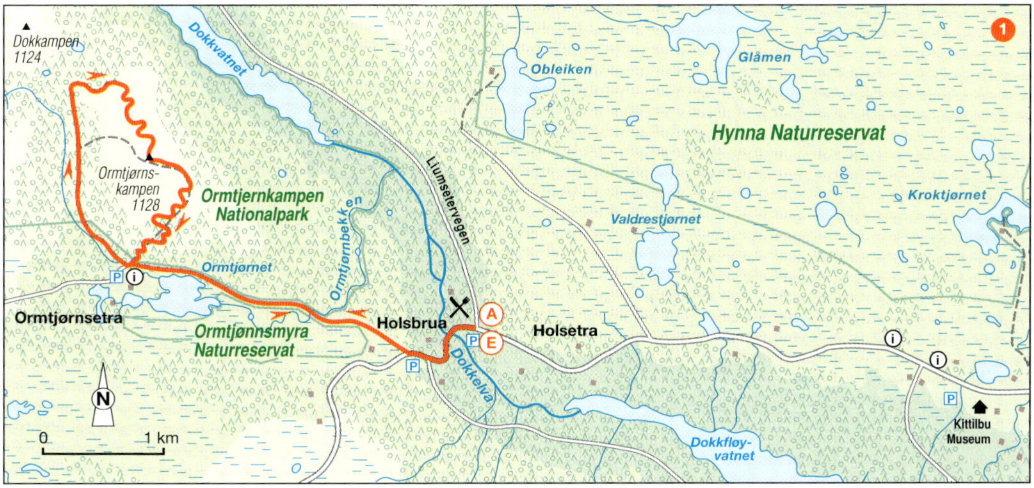

Die weite Hochfjell-Landschaft des Dovrefjell-Nationalparks leuchtet im Sommerlicht, hier am Weg zur Gjestheterhytta mit Blick nach Osten.

Nationalpark Dovrefjell

Zu Gast bei Alpenpflanzen und Moschusochsen

Wir statten dem 40 Kilometer nördlich von Dombås gelegenen Dovrefjell-Nationalpark einen Besuch ab, um einerseits die urtümlichen Moschusochsen aus nächster Nähe beobachten zu können und andererseits einen Abstecher zur Knutshø zu unternehmen. Dieser Berg gilt als Blumenparadies, was unter anderem ausschlaggebend für die Gründung des Nationalparks war. Beide Ziele erkunden wir auf zwei mittellangen Wanderungen, die von Konditionsstarken auch an einem Tag bewältigt werden können. Am Ausgangspunkt, der Kongsvoll Fjellstue, hat die Universität Trondheim einen botanischen Garten angelegt, den wir ebenso wie das kleine Informationszentrum besuchen können. Dort beginnt auch ein zwei Kilometer langer Naturlehrpfad, der die nächste Umgebung erschließt und ein kurzes Stück dem alten Königspfad folgt.

INFO

Ausgangsort/Zielort:
Kongsvoll Fjellstue an der E 6.

Tourencharakter:
Bergpfade mit kleineren Felsstufen und mäßigen Steigungen (Moschusochsen-Tour), steilere Anstiege zur Knutshø; bei Nässe stets rutschig. Markierung Rotes T auf aufgestellten Steinen (Richtung Reinheim), der Steig zur Knutshø ist unmarkiert.

Gesamtlänge: Zu den Moschusochsen etwa 12 km, zur Knutshø 9 km (jeweils hin und zurück).

Gehzeit: 4–5 Std. bzw. 4–4,5 Std.

Die Fruchtstände der Frühlings-Küchenschelle.

Natur beobachten

SÄUGETIERE

Die größte Aufmerksamkeit innerhalb der Tierwelt gehört im Dovrefjell natürlich den Moschusochsen. Diese zotteligen, urwüchsigen Tiere bewohnen in kleineren Herden die Hochfjells und Täler rund um die Snøhetta im nordwestlichen Abschnitt des Parks. Entlang dem Wanderweg zur Reinheim-Hütte, im Kaldvelldalen und im Strølådalen kann man zwischen Juni und September mit großer Wahrscheinlichkeit mit der Begegnung mit diesen etwas unheimlich anmutenden Tieren rechnen. Aus Skelettfunden geht hervor, daß Moschusochsen zwischen den Eiszeiten schon vor Jahrtausenden in diesem Gebiet heimisch waren. Die heutige Population stammt von einer Herde von 35 Tieren ab, die um das Jahr 1945 aus Grönland eingeführt und hier ausgesetzt wurde. Das rauhe, unwirtliche Klima mit den extrem kalten Wintern kommt diesen Bewohnern der Arktis zugute. Die breiten Hufe verhindern das Einsinken im Schnee, die zottelige Unterwolle des dichten Fells läßt weder Wasser noch Schnee eindringen, die fast zum Boden reichenden Deckhaare schützen vor der Kälte. Die Gras und Moos fressenden, horntragenden Tiere scharren im Winter den Schnee weg, um an die Pflanzen zu kommen. Derzeit leben etwa 50 Moschusochsen im Park, einige sind in den siebziger Jahren ins nahe Rondane- und ins entferntere Femund-Gebiet abgewandert. Bei einer Begegnung sollte ein Sicherheitsabstand von 200 Metern eingehalten werden. Die Tiere, die im Sommer vor allem ihre Jungen verteidigen, stellen sich im Halbkreis auf und beginnen zu scharren und zu schnauben, sobald sie sich bedroht fühlen. Diese Warnsignale können plötzlichen Angriffen vorausgehen, wobei man die Schnelligkeit der behäbig wirkenden Tiere nicht unterschätzen sollte. Moschusochsen nehmen diese »Igelstellung«

Der Natur-aktiv-Tip

200 Meter südlich der Kongsvoll Fjellstue beginnt unmittelbar beim Parkplatz der Weg durch den Botanischen Alpengarten, der liebevoll an einer Geländestufe oberhalb der Straße angelegt ist. Zahlreiche Tafeln in mehreren Sprachen ermöglichen das Kennenlernen der alpinen Flora. Pflanzen, die sich sehr ähnlich sehen, wie zum Beispiel die arktischen Weiden, wurden unmittelbar nebeneinander gepflanzt. So kann man durch direkte Vergleiche die Unterschiede besser erkennen. Die Tafeln der Strauchweiden zeigen auch grafische Darstellungen der Blattumrisse, um das Auseinanderhalten zu erleichtern. Typische und häufige Bergpflanzen kommen entlang den Wegen öfter vor, so daß man sich ihre Namen und ihr Aussehen immer wieder einprägen kann. Für den Botanischen Garten sollte man sich mindesten eine Stunde Zeit nehmen.

als effektiven Schutz gegen Wölfe ein, die ihre natürlichen Feinde sind.

PFLANZEN

Die Vielfalt der Blütenpflanzen ist dem kalkreichen Schiefer im Untergrund des Parks zu verdanken. Doch es sind nicht die seltenen der über 420 Arten, die die große Bedeutung des Dovrefjell-Nationalparks ausmachen, sondern die besondere und bemerkenswerte Verbreitungsgeschichte mancher Bergblumen. Dies führte zur Erarbeitung wertvoller Theorien zur norwegischen Pflanzengeographie, die heute noch Gültigkeit haben. Wegen des rauhen Klimas, das dem im Norden Norwegens oder dem im Osten Grönlands gleicht, kommen nordische Arten wie die Arktische Glockenblume *(Campanula uniflora)* oder der Norwegische Beifuß *(Artemisia norvegica)* vor. Auch die schon zeitig im Frühsommer unmittelbar nach der Schneeschmelze blühende Frühlings-Küchenschelle *(Pulsatilla vernalis)* zählt ebenso zu den botanischen Kostbarkeiten wie der Dovre-Löwenzahn *(Taraxacum dovrense)* oder eine Unterart des Arktischen Mohns *(Papaver radicatum ovatilobum)*, die nur im Dovrefjell-Gebiet und im nahen Trollheimen gedeihen.

NATURLEHRPFAD

Vom Botanischen Garten gelangt man zu einem zwei Kilometer langen Naturlehrpfad, der als Rundweg einen ersten Eindruck von der Landschaft des Nationalparks an den Hängen des Driva-Tales vermittelt. Er führt an einer imposanten Schlucht mit hoch aufragenden Schieferplatten sowie an historischen Rentier-Fanggruben vorbei. Entlang dem stellenweise undeutlich markierten Pfad sind in unregelmäßigen Abständen Informationstafeln aufgestellt. Der Weg endet beim Parkplatz am Botanischen Garten.

Die freilebende Moschusochsenherde zählt zu den Attraktionen des Nationalparks.

Das Lappländische Läusekraut.

Blumenwanderung auf die Knutshø und zu den Moschusochsen

Das Tal der Driva, in dem die E 6 von Dombås nach Trondheim verläuft, teilt das Parkgebiet in einen westlichen und einen östlichen Abschnitt. Das Tal selbst erfährt als Landschaftsschutzgebiet einen etwas geringeren Schutzstatus. Das ehemalige Gehöft von Kongsvoll beherbergt heute das Informationszentrum des Nationalparks, eine biologische Forschungsstation sowie den botanischen Garten. Kongsvoll ist der ideale Ausgangspunkt für Wanderungen ins Parkgebiet.

Unmittelbar bei der Fjellstue beginnt der Aufstieg zur 1690 Meter hohen Knutshø im Ostteil des Nationalparks. Wegen des Blumenreichtums und der schon vor 200 Jahren begonnenen naturwissenschaftlichen Forschungen gestaltet sich diese Wanderung gleichsam als Hommage an die großen Botaniker, wie zum Beispiel Prof. G. C. Oeder, der 1751 als erster Forscher ins Gebiet kam und die Flora der Berge erkundete. Schon nach den ersten Schritten, die uns aus der Fjell-Station zuerst zum alten Königspfad führen, begleitet uns am Wegrand das **Braunspitzige Läusekraut** *(Pedicularis oederi)*, welches das Andenken an Oeder in seinem Namen trägt. Es darf nicht mit dem ebenfalls gelb blühenden **Lappland-Läusekraut** *(Pedicularis lapponicum)* verwechselt werden, das unmittelbar daneben wächst.

Nach ein paar kleineren Anstiegen stehen wir am oberen Rand des botanischen Gartens und folgen ein kurzes Stück dem alten Königspfad. Nach einigen hundert Metern wendet sich der Weg leicht nach links und steigt steiler den Hang hinauf. Nach rechts zweigt der zwei Kilometer lange Naturlehrpfad ab, dessen Verlauf mit Holzpflöcken

Das Tal der wildreichen Driva.

Alpen-Habichtskraut am Weg zur Knutshø.

Der Dovrefjell-Löwenzahn.

Oeders oder Braunspitziges Läusekraut.

markiert ist. Wir wandern aber auf dem unmarkierten und nur ab und zu mit einem verwitterten Wegweiser gekennzeichneten Steig zur Knutshø und treten in die Birkenwaldzone ein. Zur Linken folgt dem Weg die Bachschlucht des Blesebekken. Eine weitere Abzweigung, die nach rechts zum Kvitdalen und nach Hjerkinn führt, beachten wir nicht, sondern bleiben auf der nördlichen Seite des Bachgrabens. Nach gut einer Stunde erreichen wir die Waldgrenze. Vor uns ragen die drei Gipfel der nördlichen, mittleren und südlichen Knutshø auf; wir wählen den südlichen. Der Steig durchquert das mit Zwergstrauchheiden und offenen Felspartien versehene alpine Gelände. Alpenpflanzen wie die **Silberwurz** *(Dryas octopetala)* oder das **Alpen-Habichtskraut** *(Hieracium alpinum)* ragen aus den **Krähenbeersträuchern** *(Empetrum nigrum)*.

Mit gleichmäßiger Steigung zieht der Weg dem Gipfel entgegen und wird nach 30 Minuten nochmals steiler. Wir befinden uns nun im Bereich des Gipfelaufbaus, der Boden ist schuttbedeckt und nur noch mit lückenhafter Vegetation bewachsen. Polster von **Silberwurz** *(Dryas octopetala)*, **Gegenblättrigem** oder **Rotem Steinbrech** *(Saxifraga oppositifolia)*, **Schnee-Enzian** *(Gentiana nivalis)*, **Cassiope** *(Cassiope tetragona)* und **Strauchflechten** kennzeichnen den Bewuchs. Auf windexponierten Kanten wächst die **Alpenazalee** oder **Gemsheide** *(Loiseleuria procumbens)*.

Schließlich erreichen wir nach etwa zwei Stunden und 15 Minuten die Gipfelkuppe, die bei klarem Wetter einen schönen Rundblick ermöglicht. Im Süden ragen die Berge des Rondane-Nationalparks auf, nach Westen blicken wir tief ins Tal der Driva und auf den westlichen Abschnitt des Nationalparks rund um die Snøhetta. Von hier wandern wir auf demselben Weg zurück.

Zu den Moschusochsen

Die äußerst interessante Gebirgslandschaft des Dovrefjell-Nationalparks, die niemals in der Vergangenheit durch menschliche Einflüsse oder Siedlungstätigkeiten verändert wurde, eröffnet heute die Möglichkeit, **Moschusochsen** in freier Wildbahn zu sehen. Zuvor sollten wir uns in der Informationsausstellung des Nationalparks in der Kongsvoll Fjellstue über die Eigenheiten dieser Tiere unterrichten. Wir müssen uns im klaren darüber sein, daß Moschusochsen zwar friedliche Pflanzenfresser sind, man sie jedoch nur mit einem gewissen Respektabstand beobachten darf. Flugblätter, die in der Fjellstue aufliegen, machen darauf aufmerksam.

Unsere Wanderung führt von der Kongsvoll Fjellstue in den westlichen Teil des Nationalparks. Wir überqueren die Driva-Brücke und steigen unmittelbar nach der Unterführung der Eisenbahnlinie in den Fjellbirkenwald hinauf. Nach etwa 30 Minuten haben wir den Hauptanstieg der Wanderung hinter uns und treten bei ungefähr 1050 Metern Höhe in das offene Fjell ein. Nach einer Stunde gelangen wir an den Rand des Nystugu-Tals. Nun sehen wir den Gipfel der Veslnystuguhøy vor uns, nach links fällt die Landschaft ins Tal des Kaldvella-Flusses ab. Nach weiteren 30 Minuten kommt direkt vor uns der schneebedeckte Gipfel der Snøhetta ins Blickfeld, der mit 2286 Metern höchste Berg des Dovrefjell. Wir befinden uns bereits unmittelbar im Gebiet der Moschusochsen und sollten daher mit den Ferngläsern die Landschaft nach den zotteligen Tieren absuchen.

Unser Wanderweg, der eigentlich über 16 Kilometer bis zur Reinheim-Hütte verläuft, erreicht nach etwa zwei Stunden das Gelände rund um die Hestgjeter-Hytta, einer Alm für die weißen Fjordpferde. Sie sind eine besondere Rasse, die im Gebiet des Dovrefjell-Nationalparks gehalten wird. Weil die Pferde gefüttert werden, scheint der Platz rund um die Hütte auch recht sicher für die Beobachtung der Moschusochsen zu sein, die sich manchmal in kleineren Herden hier aufhalten, um an dem zusätzlichen Futter teilzuhaben. Ob sich die Tiere tatsächlich zeigen, läßt sich nicht vorhersagen. Wer ausreichend Zeit hat, kann rund um die Hütte und auch weiter davon entfernt im Kaldvelldalen oder im baumlosen Stroplsjødalen nach ihnen Ausschau halten. Stets sollte man sich an dem Steig zur Reinheim-Hütte und zurück nach Kongsvoll orientieren.

Der Rückweg ins Drivadalen erfolgt auf dem gleichen Weg, dabei werden wir oft den einprägsamen und schrillen Laut des unscheinbaren **Goldregenpfeifers** hören, der hier im Fjell seinen angestammten Lebensraum hat. Nach mehr als einer Stunde, knapp vor dem Abstieg in den Birkenwald, teilt sich der Weg. Auf dem rechten Pfad sind wir aufgestiegen, der linke führt direkt zur Station der Dovrebanen, ist aber etwas länger. Er fällt in mehreren kleinen Kehren und Steilstufen ins Tal ab und überquert zuletzt die eindrucksvolle Schlucht der Driva.

Waldstorchschnabel und Gletscherlinse.

Alpenazalee bei der Veslnystuguhøy.

Der Botanische Garten und die Kongsvoll Fjellstue.

Auf einen Blick

Empfohlene Jahreszeit:
Anfang Juni bis Mitte/Ende September.
Öffentliche Verkehrsmittel:
Die Dovrebanen Lillehammer – Trondheim halten bei Bedarf im Bahnhof etwa 400 Meter nördlich der Kongsvoll Fjellstue (beim Einsteigen den Schaffner informieren).
Anfahrt mit dem Auto:
Von Trondheim Richtung Süden auf der E 6 über Oppdal, von Oslo – Lillehammer auf der E 6 nach Norden über Dombås und Hjerkinn.
Empfohlene Gebietskarte:
Staatskarte Blatt 1519 IV, Snøhetta (Moschusochsen), 1519 III, (Knutshø).
Ausrüstungstips:
Zur Beobachtung der Moschusochsen Fernglas mitnehmen; eventuell ein Pflanzenbestimmungsbuch für die Blumenwanderung; Proviant, Trinkwasser, Wind- und Regenschutz.

Einkehrmöglichkeiten:
Am Weg keine. Kaffeestube in der Kongsvoll Fjellstue (nur im Sommer geöffnet).
Auskunft:
Kongsvoll Fjellstue, N-7340 Oppdal, Tel. 72 42 09 11.
Öffnungszeiten:
Die Kongsvoll Fjellstue ist von Juni bis September täglich von 9–18 Uhr geöffnet.
Unterkunft/Camping:
Hotel der Kongsvoll Fjellstue, Campingplätze entlang der E 6, z. B. 23 km weiter nördlich, Camping Magalaupe (mit großen Gletschertöpfen an der Driva, nördlich der Zufahrtsbrücke) oder im 40 km entfernten Oppdal.
Sonstiges:
Vårstigen: Abschnitt des alten Königspfades von Oslo nach Trondheim; der schönste Teil – etwa 5 km nördlich von Kongsvoll – wurde als Kulturlehrpfad restauriert. Gehzeit in eine Richtung etwa 3,5 Std.

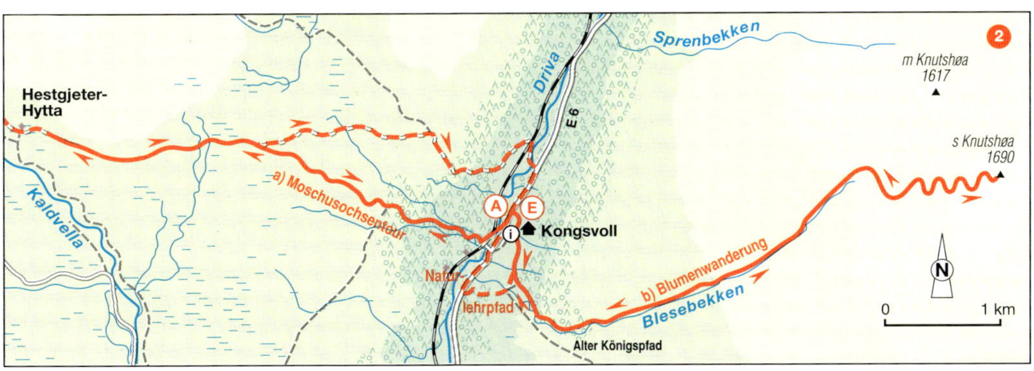

Der Vøringfossen stürzt am Westrand der Hardangervidda ins enge Måbødalen.

3

Am Rande der Hardangervidda

Wo die Hochfläche zu den Fjorden abbricht

Die Hardangervidda, die größte unberührte Hochfläche Europas mit einem Ausmaß von fast 10 000 Quadratkilometern, ist einer der Höhepunkte jeder Norwegen-Reise. Die Unwirtlichkeit und die schier unendliche Weite empfinden manche als beängstigend, andere als den Inbegriff nordischer Landschaften. Etwas mehr als 3400 Quadratkilometer der dreimal so großen Hardangervidda stehen heute als Nationalpark unter Schutz. Auf Tagestouren erkunden wir die faszinierende Gebirgsnatur im Nordwesten der Hochebene, nahe dem Eidfjord. Das Highlight unseres Ausflugs bildet der Besuch des Wasserfalls Vøringfossen, der ins tiefe Måbødalen stürzt und einer der höchsten Wasserfälle Norwegens ist. Eine kleinere Wanderung führt hoch über dem Hjølmodalen zum beindruckenden Valurfossen.

INFO

Ausgangsort/Zielort:
Vøringfossen: Café Vøringfoss; Valurfossen: Hjølmodalen von Øvre Eidfjord aus, Parkplatz beim Åsen Kafé.

Tourencharakter:
Asphaltstraße, Bergsteig mit Querung von Schuttfeldern. Teils ohne Markierung, teils rotes T.

Gesamtlänge: Vøringfossen 10 km, Valurfossen 6 km.

Gehzeit: Vøringfossen 3–4 Std., Valurfossen 2 Std. (jeweils hin und zurück).

Der Purpurenzian wächst in der Nähe der Litlos-Hütte.

Natur beobachten

GEOLOGIE

Mit 3400 Quadratkilometern stellt der Nationalpark Hardangervidda den größten Park Norwegens dar. Nirgendwo sonst auf der Welt gibt es so einen speziellen Naturraum, in dem alpine, arktische und südskandinavische Tier- und Pflanzenarten auf relativ engem Raum anzutreffen sind. Aus der kaledonischen Gebirgsbildung vor mehr als 450 Millionen Jahren hervorgegangen, ist die Landschaft im äußersten Westen wild und abwechslungsreich. Sie zeigt sich als reich gegliedertes Relief, das von breiten Flüssen durchschnitten wird. Markante, pilzförmige Berggipfel wie der Hårteigen bestehen aus härterem Gestein und ragen aus dem spärlich bewachsenen Fjell empor. Im Nordwesten und Westen fällt die Hochfläche mit steilen, dunklen Felswänden wie zum Beispiel im Hjølmodalen zu den Fjorden ab. Schäumende Kaskaden wie die des Kinso-Flusses und kesselartige Trogtäler mit frei fallenden Wasserkaskaden wie dem Vøringfossen lassen diese Landschaft wild und dramatisch erscheinen. Fast 1000 Meter tief bricht die rauhe Hochebene im Westen zu den wesentlich sanfteren Fjorden wie Sørfjord und Eidfjord ab. Der östliche Abschnitt der Hardangervidda ist bereits mehr als eine Milliarde Jahre alt und besteht vorwiegend aus Granit. Durch Gletscherschliff und Erosion sind von den ehemaligen Gebirgen im Laufe der enormen Zeitspanne nur noch flache, gerundete Hochebenen übrig geblieben, die sich als bezaubernde Gebirgslandschaft mit von Birken gesäumten Seen präsentieren.

SÄUGETIERE

Die Hardangervidda ist der Lebensraum der größten Wild-Rentierherde, deren Bestand auf etwa 60 000 Tiere geschätzt wird. Das Rentier war das erste Großwild, das nach der letzten großen Eiszeit vor 9000 Jahren in Norwegen eingewandert ist. Sie halten sich im Sommer entlang dem Kvenna-Fluß im südlichen Parkgebiet auf. Man bekommt die scheuen, breithufigen Tiere jedoch nur selten zu Gesicht, und da sie sich leicht stören lassen, sollte man sich bei Begegnungen sehr behutsam verhalten. Dank des rauhen, arktisähnlichen Klimas leben hier sogar Polarfuchs und Berglemminge, die ihre angestammte Heimat eigentlich nördlich des Polarkreises haben.

Wild-Rentiere gehören zu den Bewohnern der Hochebene.

•as Besucherzentrum in Øvre Eidfjord bietet ein naturkundliches Museum und eine Multimediaschau.

Lemminge treten meistens alle vier Jahre in großer Zahl auf und sind für Greifvögel und die seltenen Schnee-Eulen, die als besondere Rarität der Hochebene gelten, wichtige Beutetiere.

PFLANZEN

Dank des Küstenklimas im Westen und des typischen Inlandsklimas im Osten gedeiht hier eine überaus reiche Flora mit rund 450 Arten. Bei Wanderungen im Sommer fallen die niederwüchsigen Bergpflanzen wie Silberwurz *(Dryas octopetala)*, Gegenblättriger Steinbrech *(Saxifraga oppositifolia)* oder Alpenazalee *(Loiseleuria procumbens)* durch ihre schönen Blütenteppiche auf. Das Braunspitzige Läusekraut *(Pedicularis oederi)* hat innerhalb Norwegens hier sein südlichstes Vorkommen. Rund um die Litlos-Hütte ist der bis zu einem Meter hohe Purpurenzian *(Gentiana purpurea)* zu finden. Eine besondere Pflanze, die ebenfalls in Breiten um den Polarkreis beheimatet ist, ist die Lappland-Alpenrose *(Rhododendron lapponicum)*, die wegen der manchmal bis in den Sommer hinein anhaltenden Schneedecke oft erst im Juli blüht.

Der Natur-aktiv-Tip

Zehn Kilometer westlich des Vøringfossen wurde in Øvre Eidfjord ein modernes Besucherzentrum errichtet. Auf drei Etagen wird hier die Natur der Fjorde, des Måbødalen und der Hardangervidda vorgestellt. Im untersten Stockwerk sind mehrere Großaquarien untergebracht. Die Multimediapräsentation, die auf einer Bildfläche von 225 Grad zu sehen ist, zeigt die schönsten Winkel der Hardangervidda aus der Vogelperspektive. Die äußerst beeindruckende Schau vermittelt dem Betrachter das Gefühl eines Fluges über die Hochebene und durch die steilen Täler.

Zum Vøringfossen und ins wilde Måbødalen

Der Wasserfall Vøringfossen stürzt am Westrand der Hardangervidda 182 Meter ins enge, wilde Måbødalen mit seinen eindrucksvoll aufragenden, nackten Felswänden. Der berühmte Vøringfossen, der allerdings nur vom 1. Juni bis 15. September aktiv ist und während der anderen Zeit ein Kraftwerk speist, kann von drei Aussichtsplätzen aus betrachtet werden; sie sind Ziel unserer Wanderung. Den Rückweg, der 300 Meter vom Talboden bis zum Vøringfoss-Plateau ansteigt, legen wir mit dem Trolltoget (siehe »Auf einen Blick«) zurück oder benützen den alten Verbindungsweg durch das Måbødalen.

Wir starten am Parkplatz beim Café Vøringfoss und folgen zuerst der alten Straße flußaufwärts. Unmittelbar nach der Vøringbru zweigt links ein Waldsteig ab, der, teils als alter Saumpfad, in zehn Minuten zu den Aussichtsplattformen vor dem Hotel Fossli führt. Hier stehen wir unmittelbar an der Felskante und sehen auf den engen Talkessel, in den der Wasserfall Vøringfossen tosend und gischtend hinunterstürzt. Dahinter windet sich das Måbødalen nach Westen, durch das der Fluß mit zahlreichen Stromschnellen und Kaskaden fließt.

Auf gleichem Weg kehren wir zum Hotel Fossli zurück und wandern der alten Straße folgend talabwärts. Im Anschluß an einige Tunnels und Kehren gelangen wir nach dem Aussichtsplatz Storagjelet zu einem Wegweiser, der den Pfad zum Fuß des Wasserfalls markiert. Ein schmaler, aber meist gut begehbarer Steig führt durch das steile Gelände ins Tal hinab und verläuft am Südufer des Flusses bis zu einer Hängebrücke, auf der wir ans andere Ufer gelangen. Über Schutthänge kommen wir bis in den hinteren Trichter ganz an die Basis des Wasserfalls heran.

Wir kehren auf derselben Route zurück, bleiben jedoch bei der Einmündung des Weges vom Parkplatz Storagjelet, über den wir ins Tal abgestiegen sind, auf dem Pfad, der talauswärts verläuft. Dieser mündet nach 20 Minuten beim Aussichtsplatz Måbøbru und beim Måbøvatnet auf die alte Straße, auf der wir nun durch das äußere Måbødalen wandern. Nach einem Kilometer sehen wir unterhalb im Tal die Gehöfte des Måbøgard liegen (heute ein Kulturlandschaftsmuseum). Nach einem kleinen Tunnel erreichen wir die Talstation des Trolltoget und können damit zurück zum Cafè Vøringfoss fahren.

Wenn wir zu Fuß zum Ausgangspunkt zurück wollen, liegt ein eineinhalbstündiger Anstieg durch den Måbøgalden vor uns. Wir durchqueren das Gelände des Måbøgard und folgen dem Wiesenweg zu einer modernen Holzbrücke über den Bjoreio. Die Route, die dem alten Verbindungsweg vom Numedal über die Hardangervidda zu den westlichen Fjorden entspricht, ist heute ein Kulturdenkmal. Bereits im 16. Jahrhundert hatte diese steile und schwierige Strecke als Handelsweg Bedeutung. Der Abstieg über den Måbøgalden wurde im 17. Jahrhundert angelegt. Der historische Steig führt hinter der Brücke ins felsige Halbrund und steigt zwischen Felsblöcken am linken Hang an. Stufen und Serpentinen halten die Steigung erträglich, und schließlich erreichen wir nach einer Stunde den oberen Rand. Wir folgen dem Pfad über das offene Gelände und gelangen, vorbei an zwei Strommasten, nach weiteren 30 Minuten zum Ausgangspunkt am Café Vøringfoss.

Zum eindrucksvollen Valurfossen

Ein zweiter Wasserfall ist von Øvre Eidfjord aus leicht zu erreichen. Auf einer schmalen, nur für Pkw geeigneten Straße

Blick ins hintere Hjølmodalen.

Die Alpenazalee, auch Gemsheide genannt.

Der Berglemming tritt alle vier Jahre gehäuft auf.

Der Weg zum Valurfossen am Westrand der Hardangervidda hoch über dem Hjølmodalen.

Der eindrucksvolle Valurfossen.

fahren wir vom Besucherzentrum neun Kilometer ins Hjølmodalen und über die zahlreichen Serpentinen hoch hinauf bis zum Åsen Kafé. Hier beginnt auch der Wanderweg zum Aussichtspunkt am Valurfossen, aber auch zur Viveli-Hütte, die am westlichsten Rand der Hochebene liegt. Wir wandern in einer Stunde in den hintersten Abschnitt des Hjølmodalen. Der Steig überquert zuerst einen kleinen Bach und führt in den Fjellbirkenwald rund um das Åsen-Kafé, im Wald gedeihen vor allem **Heidelbeersträucher** *(Vaccinium myrtillus)* und **Schwedischer Hartriegel** *(Cornus suecica)*. Entlang der ersten Hälfte des Wegs erreichen wir immer wieder kleinere baumfreie, von Mooren bedeckte Plateaus. Einmal müssen wir ein mit **Schnabelseggen** *(Rhynchospora alba)* dicht bewachsenes verlandetes Moor queren, dabei folgen wir am besten dem ausgetretenen Pfad. Die Hangstufen zwischen den Plateaus können an manchen Stellen steil sein, so daß wir sogar die Hände zu Hilfe nehmen müssen. Eine halbe Stunde nach der Abzweigung des Steigs zur Vivelihütte eröffnet sich uns ein eindrucksvoller Blick in das unheimlich wirkende Hjølmodalen. Silbrig graue, senkrechte, gletschergeschliffene Wände stürzen mehrere hundert Meter zu Tal, im Hintergrund erkennt man das zarte Blau des Eidfjords. Links befindet sich eine Holzhütte, die im Sommer den Wanderern ebenfalls als kleines Café dient. Wir queren weitere, diesmal von Hochmooren überzogene Plateaus, in denen die roten und grünen Köpfe der **Torfmoose** *(Sphagnum spec.)* sowie die **Rosmarinheide** *(Andromeda polifolia)* auffallen. Nach der Querung eines Geländerückens führt der Weg in einem mit Geröll gefüllten Tal leicht abwärts. Hier entdecken wir neben den Birken **Vogelbeersträucher** *(Sorbus aucuparia)*. Wir müssen eine etwa 20 Meter hohe, felsige Geländestufe überwinden und treffen anschließend wiederum auf ein balkonartiges Plateau mit einem kleinen Tümpel. An seinem Rand wachsen **Schmalblättriges Wollgras** *(Eriophorum angustifolium)*, **Schnabelsegge** *(Carex rostrata)* und **Alpenhelm** *(Bartsia alpina)*. Im Anschluß an diese bilden **Spießweiden** *(Salix hastata)* ein kniehohes Gebüsch, aus dem krüppelwüchsige Birken ragen. Diese kleinen, mit Mooren bedeckten Plateaus, die uns während des gesamten Wegs begleiten, stammen von den Gletschern, die einst über die Hochebenen in Richtung Meer flossen. Dabei schürften sie kleine Wannen aus, die sich während der Abschmelzphase mit Schluff, also feinstem Gesteinsmehl, füllten. Im Anschluß an diese Moorfläche quert der Weg noch ein wenig den Hang, ehe er über einige steilere Geländestufen abwärts führt und sich dem Aussichtspunkt am Valurfossen nähert. Plötzlich stehen wir beinahe auf gleicher Höhe dem Wasserfall gegenüber, der auf der anderen Talseite über 70 Meter ins hintere Hjølmodalen stürzt. Das Wasser tost um eine senkrecht aufragende Felsplatte, die es irgendwann unterspülen und zu Schutt verwandeln wird. Am Aussichtspunkt stehen wir unmittelbar am Abbruch der Hardangervidda und sehen auf die nach Osten ansteigende Hochebene. Wir kehren auf dem gleichen Weg in knapp einer Stunde zum Ausgangspunkt zurück.

Auf einen Blick

Empfohlene Jahreszeit:
Mai bis September.
Öffentliche Verkehrsmittel: Keine.
Anfahrt mit dem Auto:
Straße 7 Geilo – Eidfjord bis Øvre Eidfjord, über die neue Straße durch das Måbødalen auf die Hardangervidda bis zum Café Vøringfoss, Parkplatz direkt an der Hauptstraße; Nebenstraße von Øvre Eidfjord aus ins Hjølmodalen bis zum Parkplatz am Åsen Kafé.
Empfohlene Gebietskarte:
Hardangervidda West, Karte des Heimatmuseums Måbødalen.
Einkehrmöglichkeiten:
Direkt an den Wegen keine. Hotel Vøringfoss, Hotel Fossli, Åsen Kafé.
Besucherzentrum Øvre Eidfjord: Im Café werden norwegische Spezialitäten serviert. Öffnungszeiten: April und Mai 10–18 Uhr, Juni bis August 9–20 Uhr, September und Oktober 10–18 Uhr.
Ausrüstungstips:
Bergschuhe, Regenschutz, Proviant, Trinkwasser.
Auskunft:
Café Vøringfoss, Hardangervidda Naturzentrum Øvre Eidfjord, Touristeninformation Eidfjord, N-5783 Eidfjord,
Tel. 53 66 51 77, Fax 53 66 52 97.

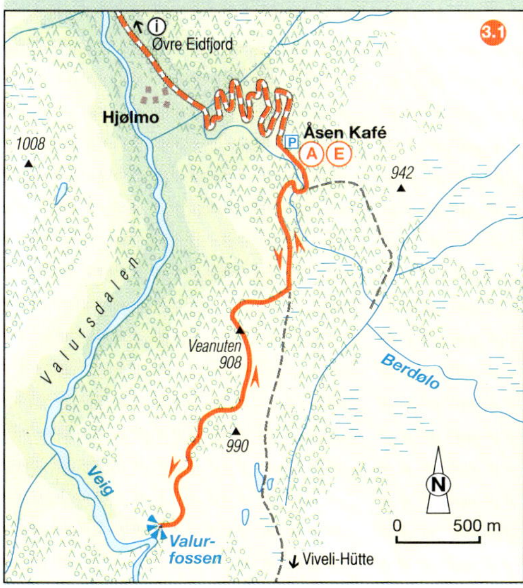

Der Vøringfossen am Ende des Winters im Mai.

Unterkunft/Camping:
Hotel Fossli, Eidfjord Gjestehus, mehrere Campingplätze in Øvre Eidfjord.
Sonstiges:
Vom 1. Juli bis 20. September fährt zwischen dem Måbødalen und dem Hotel Fossli der sogenannte Trolltoget, ein kleiner, von einem Dieseltraktor gezogener Zug (von 10–18 Uhr alle 30 Min.).
Interessant ist auch das Måbødalen Kulturlandschaftsmuseum an der Straße 7 beim zweiten Parkplatz nach Øvre Eidfjord (geöffnet Montag bis Freitag 11–14.30 Uhr).

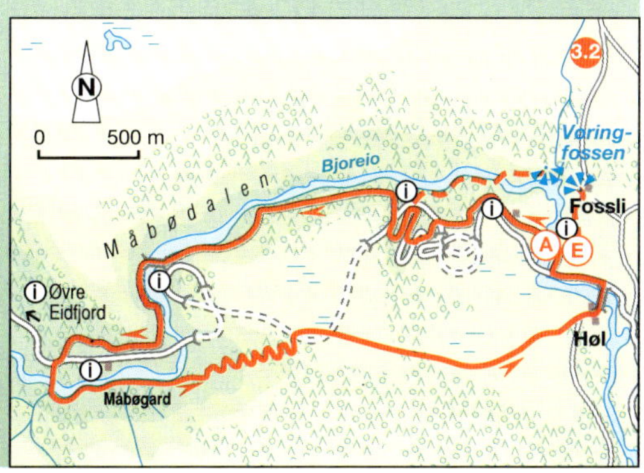

Der Besseggen-Grat zwischen dem Bessvatnet zur Linken und dem Gjendesee zur Rechten bildet das Kernstück dieser berühmten Bergtour.

Nationalpark Jotunheimen

Zwischen Hochtälern und Skandinaviens höchsten Gipfeln

Jotunheimen, das »Dach Norwegens«, zählt zu den beeindruckendsten Berggebieten Europas. Neben einschlägigen Kletter- und Gletschertouren und ausgedehnten Mehrtageswanderungen können hier auch klassische alpine Tagestouren unternommen werden. Wir brechen zur berühmten Wanderung auf den Besseggen-Grat auf, die im Osten des Nationalparks im Bereich des Gjendesees zu den beliebtesten Wanderrouten Norwegens zählt. Die spektakuläre Gratüberschreitung, der literarische Hintergrund angesichts der Figur des Peer Gynt, aber vor allem die eindrucksvolle Bergwelt dieses norwegischen Nationalparks tragen zur großen Popularität der Tour bei. Trotz der Menschenmassen, die im Sommer auf dem teilweise schwierigen Bergpfad unterwegs sind, treffen wir auf eine unerwartet reichhaltige und farbenprächtige Gebirgsflora. Und da wir den Weg in der anderen Richtung als üblich gehen, können wir die herrliche Landschaft und Natur in Ruhe genießen.

INFO

Ausgangsort/Zielort:
Gjendesheim.

Tourencharakter:
Klassischer Bergpfad mit Kletterstellen im Gratbereich, Schwindelfreiheit und gute Kondition wegen der Höhenunterschiede erforderlich. Rote Markierung.

Gesamtlänge: 13 km

Gehzeit: 6–7 Std.

Natur beobachten

LANDSCHAFT

Der Taleinschnitt der wilden Utla, der zwischen dem Jotunheimen im Osten und dem Hurrugane-Massiv im Südwesten des Nationalparks liegt, ist als Landschaftsschutzgebiet ausgewiesen und besitzt Nordeuropas höchsten frei fallenden Wasserfall, den Vettisfossen. Eine etwa eineinhalbstündige Wanderung führt von Hjelle (Zufahrt von Øvre Årdal über die RV 53) auf sieben Kilometern zuerst zum alten Gehöft von Vetti und von dort über einen schmalen Bergsteig an den Wasserfall heran. Am Weg beweisen zahlreiche Kaskaden, daß das Utladalen zu Recht als »Tal der Wasserfälle« bezeichnet wird. Der Vettisfossen stürzt 285 Meter vom Plateau Vettismörki in den Felstrichter. Die lohnende Wanderung entlang der Utla kann in einem halben Tag gemütlich bewältigt werden und bringt uns die eindrucksvolle Tallandschaft im Vorfeld des Jotunheimen-Nationalparks näher.

Der Strauß-Steinbrech gedeiht an felsigen Stellen.

SÄUGETIERE

In weiten Teilen des Jotunheimen-Nationalparks wird heute Rentierhaltung betrieben. Schon vor 5000 Jahren zogen Jäger und Fischer in die Berggegend, um den Fischreichtum der Flüsse und Seen zu nutzen, insbesondere die hervorragenden Forellengewässer Gjende und Russvatn. Aus dieser Zeit stammen Kulturdenkmäler wie Steinhütten und Fallgruben sowie die alten Almgebiete Bygdin und Gjendebu. Im Visdalen, Veodalen, Utladalen und entlang dem Gjendesees leben Elche und Rothirsche. An größeren Säugetieren kommen noch Rotfüchse vor, während der Eisfuchs nicht zu den ständigen Bewohnern dieser Bergregion zählt.

PFLANZEN

Im Berggebiet von Jotunheimen stellt ein Großteil der norwegischen Gebirgspflanzen einen Höhenrekord auf. Am weitesten von allen Blütenpflanzen klettert der Gletscherhahnenfuß *(Ranunculus glacialis)* nach oben, der am Glittertind auf

Der Natur-aktiv-Tip

Das Leirdalen bei der Leirvassbu am Nordwestrand des Jotunheimen-Nationalparks, erreichbar über die RV 55 von Lom nach Skjolden, ist ein ebenes Hochtal zwischen markanten Berggipfeln wie dem 2032 Meter hohen Kyrkja. Der Weg verläuft von der DNT-Hütte beinahe eben in Richtung Spiterstulen (Gehzeit 5–6 Std.) und führt an mehreren Gebirgsseen vorbei. In dieser Gegend kann man Wild-Rentiere beobachten, und an einer Kuppe oberhalb des Kyrkjetjørna befindet sich ein Standort der seltenen Frühlings-Küchenschelle *(Pulsatilla vernalis)*, die manchmal noch im Juli blüht. Zahlreiche Bergblumen wachsen auf den Zwergstrauchmatten und in den Quellfluren an den Bächen.

m blumenreichen Leirdalen im Norden von Jotunheimen.

2370 Metern Höhe gefunden wurde. Der Gegenblättrige Steinbrech *(Saxifraga oppositifolia)* und die Rosenwurz *(Sedum roseum)* kommen noch in Höhen um 2300 Meter vor. Das vielerorts kalkhaltige Gestein begünstigt eine reiche Pflanzenwelt mit sogar so anspruchsvollen Arten wie der Silberwurz *(Dryas octopetala)*. Im Leirdalen und im Veodalen im Osten des Nationalparks finden wir die seltene Frühlings-Küchenschelle *(Pulsatilla vernalis)* mit ihren zart-rötlichen Blüten. Alpen-Gänsekresse *(Arabis alpina)* und Behaarter Mauerpfeffer *(Sedum villosum)* kommen nur ganz vereinzelt vor. Den typischen Bewuchs der felsigen Gebirgslagen bilden Lebendgebärender Knöterich *(Polygonum viviparum)*, Blauheide *(Phyllodoce caerulea)*, Moosähnliche Cassiope *(Cassiope hypnoides)*, Alpen-Hornkraut *(Cerastium alpinum)* und die Alpenazalee *(Loiseleuria procumbens)*, die Windkanten und Felsen überziehen. Manche Pflanzen konnten die letzte Eiszeit auf eisfreien, aus den Gletschern herausragenden Gipfeln überdauern. Diese werden als »Nunataker« bezeichnet und fallen durch ihre scharfe, spitze Form auf, wie etwa der Kyrkja oder der Storebjørn. Der Großteil des Parks erstreckt sich oberhalb der Baumgrenze, die im Osten bei 1200 Metern liegt. Nur im Bereich des Gjendesees gedeiht ein hochstaudenreicher Birkenwald, in dem im Sommer Nordischer Eisenhut *(Aconitum septentrionale)*, Trollblume *(Trollius europaeus)* und Alpen-Milchlattich *(Cicerbita alpina)* blühen.

Der Gletscherhahnenfuß am Grat des Veslefjells vor dem Gjendesee.

Weiße Blüten, grau-grüne Blätter: das Alpen-Hornkraut.

Die Blätter der Rosenwurz werden nach Frost rosa.

Bei der Abzweigung ins Trogtal des Russvatnet.

Überschreitung des Besseggen-Grats

Von der wilden Landschaft und nordischen Mythologie inspiriert, taufte der Dichter A. O. Vinje dieses Gebirge im Jahre 1862 auf den Namen Jotunheimen – das »Heim der Trolle und Riesen«. Heute ist das Gebiet mit den mehr als 200 Gipfeln im 1145 Quadratkilometer großen Nationalpark zusammengefaßt und besitzt mit dem 2469 Meter aufragenden Galdhøppigen den höchsten Berg Skandinaviens. Dies brachte der nahezu unberührten Gegend, die von majestätischen Bergen und Gletschern gekennzeichnet ist, den Beinamen »Dach Norwegens« ein. Der Glittertind, nur wenige Meter niedriger als der Galdhøppigen, ferner die schroffen Gipfel Hurrungane und Fanaråken liegen alle inmitten des Nationalparks. Der größte der zahlreichen Seen ist der Gjende an der Ostseite des Parks, wo unsere Wanderung beginnt; er wird den gesamten Weg entlang unser Begleiter sein.

Im Sommer, wenn das Eis vom See gewichen ist, verleiht schlammiges Gletscherwasser dem langgezogenen, fjordartigen Gjende die charakteristische smaragdgrüne Farbe. Zwischen diesem See und dem genau 391 Meter höher liegenden Bessvatnet verläuft Norwegens berühmteste Wanderroute, der wir auf dieser Tour folgen. Bekannt wurde die Gratwanderung durch die Nationalsage von Henrik Ibsen, der seinen Romanhelden Peer Gynt auf dem Rücken eines Renhirsches über den Grat reiten läßt. Während der Wanderung wird man jedoch bald erkennen, daß Ibsen den Weg selbst nie gegangen ist. Denn er beschreibt den Besseggen als sensenscharfen Grat, in Wirklichkeit ist er jedoch ein

Hornklee am Aufstieg zum Veslefjell.

Ein Polster des Stengellosen Leimkrauts.

breiter, gut gestufter Felsrücken und bereitet einem halbwegs geübten Bergwanderer keine Probleme. Weil allerorts empfohlen wird, den Grat nur aufwärts zu begehen, kommt es bei Gjendesheim an schönen Sommertagen morgens zu einem wahren Stau an Wanderern, die mit dem kleinen Motorboot »M/S Gjende« zum Ausgangspunkt nach Memurubu fahren wollen.

Nicht nur, um diesem Menschenandrang in der sonst ruhigen Bergwelt zu entgehen, sondern auch, um während der Wanderung stets das beeindruckende Bergpanorama Jotunheimens vor uns zu haben, empfehlen wir, die Tour in umgekehrter Richtung zu gehen. Wir beginnen also unmittelbar am Parkplatz bei Gjendesheim mit dem Hauptaufstieg, der uns zuerst auf das Veslefjell bringt. Der stark ausgetretene und erodierte Bergsteig zieht steil bergan, quert die Nationalparkgrenze und führt zu einer Felsstufe. Rechts sehen wir vor dem Panorama des Gjende-Sees die hoch aufragenden Blütenstände des **Strauß-Steinbrechs** *(Saxifraga cotyledon)*, der ersten botanischen Kostbarkeit dieser Wanderung. Daneben bilden die **Rundblättrige Glokkenblume** *(Campanula rotundifolia)* und der **Hornklee** *(Lotus corniculatus)* dichte Blütenpolster.

Wir durchqueren das Felsband und müssen noch 30 Minuten steil bergauf steigen, ehe wir das Veslefjell erreichen. Ein weiter, kahler, runder Bergrücken liegt nun vor uns, der nur noch spärlich bewachsen ist. Vor allem Polsterpflanzen wie **Stengelloses Leimkraut** *(Silene acaulis)* und **Gletscherhahnenfuß** *(Ranunculus glacialis)* beleben die karge Bergwelt. Zwischen den Steinblöcken finden wir mehrere Steinbrecharten wie den rotblühenden **Gegenblättrigen Steinbrech** *(Saxifraga oppositifolia)*, den gelben **Fetthennen Steinbrech** *(Saxifraga aizoides)* oder den weißblühenden **Arktischen Steinbrech** *(Saxifraga nivalis)*. Der Weg läuft an der ansteigenden Kuppe entlang und wechselt zwischen Felspartien und Blockhalden. Ab und zu müssen wir weite Einkerbungen durchwandern, in die der Weg leicht abwärts führt und als deutliche Spur durch das Steinmeer zieht. Nach etwa zweieinhalb Stunden erreichen wir die riesige Steinpyramide am höchsten Punkt des Veslefjells (1734 Meter).

Jetzt beginnt der Abstieg zum Besseggen-Grat, dem Kernstück der Tour. Vor uns ragt die mächtige, 2058 Meter hohe Besshøa auf, zur Linken fällt das Veslefjell steil zum Gjendesee ab, und rechts taucht allmählich der marineblaue Bessvatnet auf. Die Bergkulisse ist gewaltig, und wir gelangen immer näher an den Grat heran. Plötzlich stehen wir, nachdem wir einige felsige Absätze durchschritten haben, an dem berühmten Aussichtspunkt: Nur noch der schmale Besseggen-Grat liegt vor uns, und zu beiden Seiten die schmalen Seen. Sie scheinen fast aneinanderzustoßen, lägen nicht beinahe 400 Meter Höhenunterschied zwischen ihnen. Die milchig-türkise Färbung des Gjendesees zeigt, daß dieser von Gletschern gespeist wird, während der tiefblaue Bessvatnet ein typischer Gebirgssee ist, der sein Wasser aus Quellen bezieht.

Wir beginnen mit dem Abstieg zum Bandet, dem Sattel am Bessvatnet, und müssen ein wenig die Hände zu Hilfe nehmen. Links stürzt die Wand 600 Meter zu Tal, rechts sind es »nur« 200 Meter; der Grat ist jedoch stets gut gestuft und ohne größere Schwierigkeiten zu begehen – Schwindelfreiheit ist jedoch Voraussetzung. 20 bis 30 Minuten dauert der Abstieg, bis wir am breiten Bandet nach insgesamt zweieinhalb- bis zweidreiviertelstündiger Wanderung eine Rast einlegen können. An den Felskanten, die senkrecht zum Gjendesee abfallen, wächst die gelbe **Rosenwurz** *(Sedum rosea)*, deren Blätter oft rötlich überlaufen sind.

Um nach Memurubu zu kommen, müssen wir an der Westseite des Bessvatnet dem Wanderpfad aufwärts folgen und etwa 250 Meter ansteigen. Plötzlich befinden wir uns in einem Kar, das über und über erfüllt ist von bunten Bergblumen – es ist ein völlig anderes Bild als zuvor auf dem kahlen Veslefjell: das **Alpen-Hornkraut** *(Cerastium alpinum)*, der **Lebendgebärende Knöterich** *(Polygonum viviparum)*, **Stengelloses Leimkraut** *(Silene acaulis)*, **Alpenhelm** *(Bartsia alpina)*, **Alpenfrauenmantel** *(Alchemilla alpina)* und **Krantz-Fingerkraut** *(Potentilla crantzii)*. Nachdem wir diesen Anstieg bewältigt haben und der Weg nach einem felsigen Abschnitt wieder abwärts verläuft, werden wir mit dem grandiosen Panorama belohnt. Vor den hohen Gipfeln, die nordwestlich von Memurubu aufragen, liegt der Bjørnbøltjørna-See. Wir wandern am Südrand des Sees vorbei und genießen den Blick zum Gjende. Im schütteren Gebirgsrasen leuchten die roten Blüten der **Alpen-Pechnelke** *(Lychnis alpina)*. Ein neuerlicher Anstieg von etwa 100 Metern liegt vor uns. Nach einem weiteren Kar müssen wir ein drittes Mal seit dem Bandet ansteigen. Bei einem markanten, etwa zweieinhalb Meter hohen Felsblock haben wir dann nach fünfeinhalb bis sechs Stunden den Wendepunkt erreicht, der den Abstieg nach Memurubu einleitet.

Beim Abstieg zeigen uns am Wegesrand aufkommende **Birken** und **Wacholdersträucher** an, daß wir an Höhe verlieren. Schließlich endet die Wanderung beim Schilderbaum in der Nähe der sehr komfortablen Hütte Memurubu. Knapp unterhalb befindet sich am östlichen Rand des Schuttkegels der Bootsanleger, von dem wir mit der »M/S Gjende« nach Gjendesheim zurückkehren.

Der Landungssteg in Memurubu mit der M/S Gjende.

Auf einen Blick

Empfohlene Jahreszeit:
Juli/August.

Öffentliche Verkehrsmittel:
Die Buslinie entlang der Straße 51 korrespondiert am Nachmittag mit dem Boot auf dem Gjende-See.

Anfahrt mit dem Auto:
Über die RV 51 Fagernes – Vågåmo, die am Ostrand von Jotunheimen vorbeiführt, auf einer Nebenstraße 2 km zur DNT-Hütte Gjendesheim mit großen, gebührenpflichtigen Parkplätzen.

Empfohlene Gebietskarte:
Wanderkarte Jotunheimen M 1:100 000.

Ausrüstungstips:
Komplette Bergausrüstung mit Proviant, festem Schuhwerk und dem felsigen Gelände entsprechender Bergkleidung (lange Hose); Trinkwasser mitnehmen, ein Bergbach quert den Weg erst 30 Min. nach dem Bandet.

Einkehrmöglichkeiten:
DNT-Hütte Gjendesheim, DNT-Hütte Memurubu.

Öffnungszeiten:
Die Hütten in Gjendesheim und Memurubu haben von Ende Mai bis Anfang/Mitte September geöffnet; das Boot verkehrt am Gjende-See von Ende Juni bis Mitte September, Fahrpläne liegen in den Campingplätzen, DNT-Hütten und beim Bootsanleger auf.

Auskunft:
Touristeninformation in Lom,
Tel. 61 21 12 86.

Unterkunft/Camping:
In den DNT-Hütten, Campingplatz Maurvangen 2 km östlich von Gjendesheim an der Straße 51 (inkl. Hüttenvermietung), Camping und Hütten in Bessheim an der RV 51 (4 km nördlich von Gjendesheim).

Sonstiges:
In Lom, 60 km nordwestlich von Gjendesheim am Weg ins nördliche Jotunheimen, befindet sich neben der bekannten, um 1180 erbauten Stabkirche das interessante Norwegische Fjellmuseum, das gleichzeitig als Besucherzentrum für den Nationalpark fungiert; Öffnungszeiten im Sommer 10–21 Uhr, sonst 10–19 Uhr; N-2686 Lom, Tel. 61 21 16 00,
Fax 61 21 17 30.

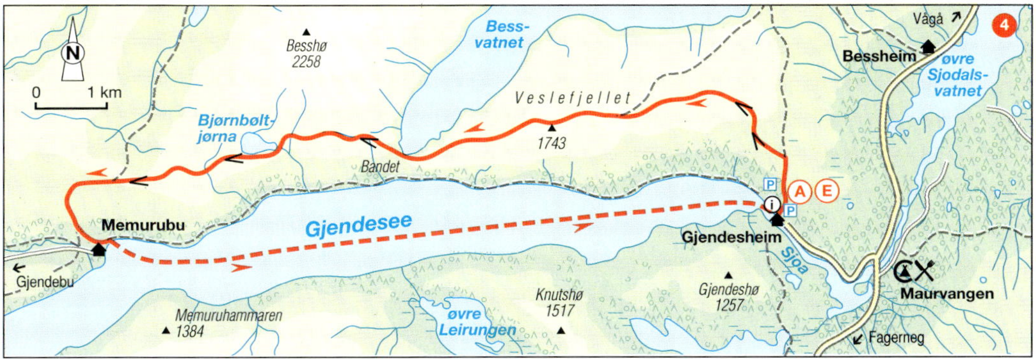

Auf einer alten Holzbrücke überqueren wir am Beginn der Wanderung die Sjøa, im Hintergrund ragt der Stuttgongkampen auf. An diesem Berg gedeiht der Fichtenwald bis in eine Höhe von 1055 Metern.

Wildreiches Sjødalen

Unberührte Natur im Osten von Jotunheimen

Das naturreiche Sjødalen in der Gemeinde Vågå verläuft am Nordostabfall des Jotunheimen-Nationalparks von Gjendesheim bis Randsverk und überrascht den Besucher mit einer wildreichen Natur. In diesem etwas sanfteren Gebirgstal vereinen sich Schluchten, Wälder, Almgebiete und Seen zu einer reizvollen Landschaft im Vorfeld der großen Gebirge. Beherrschendes Element des Tales ist der Fluß Sjøa, der, ausgehend vom Øvre Sjødalsvatnet, mit zahlreichen Kaskaden und Wasserfällen talwärts fließt. Die berühmte Schlucht Ridderspranget ist ebenso Ziel unseres Ausfluges wie der sprudelnde Stuttgongfossen bei Hindsætri. Bei unserer Wanderung auf dem Naturlehrpfad Hexensteig (Hulderstigen) lernen wir das Naturreservat Stuttgonglia kennen, das zusammen mit zwei weiteren Schutzgebieten nördlich an den Øvre Sjødalsvatnet anschließt. Zum Abschluß besuchen wir die Moränendüne Fjosranden, die am Øvre Sjødalsvatnet als Relikt der Eiszeit erhalten ist.

INFO

Ausgangsort/Zielort:
Almgebiet von Russlisætrene im Sjødalen.

Tourencharakter:
Einfacher, angenehmer Waldsteig mit geringen Höhenunterschieden. Der Naturlehrpfad ist ausgeschildert, Richtungspfeile zum Ridderspranget und zum Stuttgongfossen.

Gesamtlänge: 5,5 km

Gehzeit: 2 Std.

Die Düne Fjosranden entstand vor 10 000 Jahren am Øvre Sjødalsvatnet.

Natur beobachten

VÖGEL

Die Wasseramsel, Norwegens Nationalvogel, findet entlang der Sjøa einen idealen Lebensraum. Der kleine Vogel mit dem charakteristischen weißen Bauchfleck kommt vor allem an unverbauten, wildreichen Flüssen, wie es die Sjøa ist, vor. Im Winter benötigt die Wasseramsel offene, nicht zufrierende Fließgewässer, um am Bodengrund nach Insektenlarven zu suchen.

Eine Wasseramsel in typischer Haltung am Flußufer.

Die dichten Wälder von Stuttgonglia mit den uralten Stämmen sind das Reich von Norwegens größtem Hühnervogel, dem Auerhuhn. Das auffällige Männchen kann bis zu fünf Kilogramm schwer werden. Im Winter ernähren sich die Auerhühner fast ausschließlich von Kiefernnadeln und Birkenblättern. An besonders alten Stämmen deuten horizontale Ringe und Löcher darauf hin, daß hier Schwarzspechte leben. Diese stammen nicht nur von den bekannten Spechthöhlen. Die Spechte hacken vielmehr Löcher in die Baumrinde der Kiefern, um an die dort lebenden Insekten und Larven zu gelangen. Blaukehlchen und Nordische Schafstelze bevorzugen die offenen Gebüschformationen entlang der Sjøa, vor allem rund um die Insel Nausterøya.

PFLANZEN

Im Sjødalen liegt die Nadelwaldgrenze so hoch wie nirgendwo sonst in Norwegen, sie erreicht 1055 Meter Höhe. Der Fjellbirkenwald erstreckt sich sogar bis auf eine Höhe von 1250 Metern. An den Talhängen wachsen Kiefernwälder, an einzelnen Stellen wie im Stuttgonglia Natur-

Der Natur-aktiv-Tip

An mehreren Stellen am Oberlauf des Flusses finden wir scharfe Sandrücken, die Esker genannt werden. Es sind aus der Eiszeit erhaltene Dünen. Die größte von ihnen liegt unmittelbar neben der Straße RV 51 am Nordwestende des Øvre Sjødalsvatnet. Auf der Fahrt zum Ausgangspunkt der Wanderung halten wir an einem Parkplatz unmittelbar bei einem kleinen Kiosk an und folgen dem Pfad zu dem Sandrücken, der als etwa zehn Meter hoher Sporn parallel zum Ufer südwärts in den See ragt. Heute ist die schottrige Oberfläche mit Zwergsträuchern wie Krähenbeere, Heidelbeere und Bärentraube bewachsen. An der Basis, wo sich mehr Erde ansammeln konnte, wachsen Zwergbirken und Spießweiden. Der Sandrücken ist rund 10 000 Jahre alt. Er konnte sich deshalb hier erhalten, weil der Abfluß des Sees auf der gegenüberliegenden Seite liegt und der Sattel der Sjødals-Paßenge eine natürliche Barriere darstellt. Die Schmelzwasserströme schoben das lockere Moränenmaterial am Ende der letzten Eiszeit zu stromlinienförmigen Rücken zusammen. Der Fjosranden ist ein besonders gut erhaltenes Beispiel für eine eiszeitliche Düne. Weil das Moränenmaterial sehr instabil ist, erodieren solche Formationen normalerweise im Laufe der Zeit sehr stark. Nicht so im Falle des Fjosranden: Auf dieser Düne können wir heute noch herumwandern und unmittelbar eiszeitliche Erdgeschichte bestaunen.

reservat sogar bis auf eine Höhe von 1100 Metern. Große, verkrüppelte Kiefern, deren Zweige mit Bartflechten überwachsen sind, zeugen von reiner Luft und einer urwaldähnlichen Vegetation. Solche Kiefern finden wir auch rund um die Sjødalshögdi am Nordrand des Øvre Sjødalsvatnet. Der südliche, höhergelegene Abschnitt des Tales wird fast ganz von den anspruchsloseren Kiefernwäldern eingenommen, während im Nordteil des Sjødalen Fichtenwälder wachsen. Diese bedecken die steilen, zum Fluß hin abfallenden Hänge. Schon früh rodeten die Bauern manche Wälder am Talboden und an den Seitenhängen des Sjødalen, um lebenswichtige Almgebiete zu gewinnen. Noch heute weiden die Schafe und Kühe auf den saftigen Bergwiesen bei Hindsætri, Russlia, Stuttgongi oder Steinholet. An den langgestreckten, ruhigen Flußabschnitten und rund um die kleineren Seen im Stuttgonglia-Naturreservat entstanden Sümpfe, die von Verlandungszonen umgeben sind. Hier gedeihen Kleinseggen wie Schnabelsegge *(Carex rostrata)* und Braunsegge *(Carex fusca)*. Auf den Hochmooren finden wir die typischen Arten wie Rosmarinheide *(Andromeda polifolia)*, Torfmoose *(Sphagnum* sp.*)* und die weißblühende Moltebeere *(Rubus chamaemorus)*, die im Hochsommer süßlich schmeckende, orangefarbene Früchte trägt.

In den niedrigen Büschen an den Gebirgsbächen zählt das Blaukehlchen zu den häufigsten Vögeln.

Vielseitiger Weg durch Kiefernwälder und über Almen

Der Fluß Sjøa ist die Lebensader des Sjødalen und hat maßgeblich zu seiner Ausformung beigetragen. Der Name hängt mit dem altnorwegischen Wort »hjár« d.h. »der, der glitzert« zusammen. 1973 erließ die Regierung in Oslo ein Verbot, das jede Verbauung oder Nutzung des Flusses zur Energiegewinnung untersagte, weshalb er auch noch heute in seinem ursprünglichen, kraftvollen Zustand zu bewundern ist. Wegen des großen Einzugsgebietes führt der Fluß den ganzen Sommer über eine gleichmäßige Wassermenge. Der obere, südliche Teil des Tales ist von ruhigen Partien geprägt, die nur durch die beiden Wasserfälle Maurvangfossen und Stuttgongfossen unterbrochen sind. Erst nach der Mündung des Veo nehmen Gefällestrecken und Stromschnellen zu.

Doch nun zu unserer Wanderung. Nördlich der Paßenge Sjødalshögdi und des Nedre Sjødalsvatnet liegt rechts der Straße RV 51 im Almgebiet von Russlisætrene der kleine Parkplatz, an dem der fünfeinhalb Kilometer lange Pfad in das Naturreservat Stuttgonglia beginnt. Gegenüber sehen wir die alten Holzhäuser und die Viehweiden des Almgebiets. Entlang dem als Hulderstigen, d. h. Hexenstieg, bezeichneten Weg zu Füßen des Bergs Stuttgongkampen geben 15 Tafeln Auskunft über die Besonderheiten der Pflanzen- und Tierwelt der Region. Das Naturreservat, das am Ausgang des Griningsdalen liegt, umschließt auch kleinere Seen wie den Nedre und Øvre Birisjøen. Zusammen mit dem Landschaftsschutzgebiet Birisjølia wurde es 1983 eingerichtet, um alte Gebirgskiefernwälder und Sumpfgebiete zu schützen. 1985 kam noch das Naturreservat Styggemyra hinzu.

Der Föhrenwald ist mit Isländisch Moos bewachsen.

Der Unterlauf der Sjøa beim Stuttgongfossen.

Die Blüte der Moltebeere.

Die Rosmarinheide, eine typische Pflanze der Moore.

Wir queren am Beginn des Wegs einen Seitenarm des Sjøa und gelangen auf die Insel Nausterøya. Eine weitere Brücke überspannt den zweiten Flußarm und bringt uns wieder ans »Festland« zurück. Wir folgen dem gut ausgetretenen Pfad zuerst über offenes Wiesengelände. Der Weg besteht bereits seit etwa 1650, als die Bauern begannen, die saftigen Almgebiete des hinteren Grinningsdalen zu bewirtschaften. Zumindest bis 1940 war es eine Besonderheit der Region, daß die Almen auch im Winter betrieben wurden. Denn es war leichter, das Vieh in der ersten Novemberhälfte auf die Alm zu treiben, als das Heu mühevoll ins Tal zu bringen. Die Bauern blieben dann zehn bis zwölf Wochen in den Bergen.

Leicht ansteigend führt unser Weg in den lichten Wald und folgt dem Bach Birisjøbekken. Am Wegrand sehen wir die Blütenstände der **Frühlings-Küchenschelle** *(Pulsatilla vernalis)*, am Übergang zum knorrigen Föhrenwald breitet sich ein niedriges Gebüsch aus **Zwergbirken** *(Betula nana)* und **Spießweiden** *(Salix hastata)* aus. Am Bach gedeihen die feuchtigkeitsliebenden hochwüchsigen Kräuter wie **Goldrute** *(Solidago virgaurea)*, **Waldstorchschnabel** *(Geranium sylvaticum)* und **Waldengelwurz** *(Angelica sylvestris)*. Nach etwa 15 Minuten treffen wir bei der Tafel 4 auf die Mündung des Rückwegs und halten uns nach rechts. Am Wegesrand fallen uns die charakteristischen, länglichen, etwa zwei bis drei Zentimeter großen Losungen der Elche auf. Untertags werden wir diese scheuen Tiere kaum zu sehen bekommen, denn Elche bevorzugen die Dämmerung, um in den Sümpfen nach Nahrung zu suchen. Im Winter, wenn die Feuchtgebiete zugefroren sind, stellen die Kiefernnadeln eine wichtige Nahrungsquelle dar. Immerhin benötigt ein ausgewachsener Elch täglich 15 Kilogramm Zweige und

Nadeln. Wir durchwandern auf dem bequemen Waldweg ein Windwurfgebiet, das auf den ersten Blick wie eine vom Menschen geschaffene Rodungsfläche aussieht. Die umgestürzten Bäume stammen aber von einer Sturmkatastrophe, die 1969 das Sjødalen heimsuchte. Da es das Ziel eines Schutzgebietes ist, die Natur walten zu lassen, werden die zerstörten Bäume nicht entfernt, sondern dem natürlichen Zersetzungsprozeß überlassen. Dieser wird bei Kiefern aber nur sehr langsam wirksam, da das harzreiche Kernholz pilzvernichtende Stoffe enthält. Nur das weichere Splintholz wird schneller von Bakterien und Pilzen angegriffen; es ist deshalb ein wichtiges Element im Nahrungskreislauf des Waldes.
Wir wandern nun durch einen moosreichen Föhrenwald, in dem neben den Zwergsträuchern aus der Familie der Heidekrautgewächse vor allem die Waldmoose wie **Stockwerkmoos** *(Hylocomium splendens)* und **Rotstengelmoos** *(Pleurozium schreberi)* vorherrschen. Auf Holzbohlen queren wir staunasse Moorbereiche, die in der Verlandungszone des Birisjøen entstanden und mit **Moltebeeren** *(Rubus chamaemorus)* bewachsen sind. Nach 45 Minuten erreichen wir die Wende des Rundweges und schwenken nach links zum Øvre Birisjøen. Dabei passieren wir einen Abschnitt des ältesten Verkehrsweges, der einst durch das Sjødalen und Griningsdalen

Eine uralte verkrüppelte Föhre.

führte. Wir halten uns nach links und überqueren auf flachen Steinen den Abfluß des Øvre Birisjøen. Gleich dahinter lädt uns ein kleiner, reizvoller Picknickplatz zur Rast.
Vom See steigt der Weg ein wenig aufwärts in den Wald und an einer 300 Jahre alten Kiefer vorbei. Wir befinden uns nun im Naturreservat Stuttgonglia, das zum Erhalt dieses alten Kiefernwaldes eingerichtet wurde. Die ältesten Bäume sollen sogar mehr als 400 Jahre alt sein. Im Gegensatz zum Kiefernwald am Beginn des Weges ist der Boden jetzt dicht mit **Heidelbeeren** *(Vaccinium myrtillus)*, **Preiselbeeren** *(Vaccinium vitis-idaea)*, **Krähenbeeren** *(Empetrum nigrum)* und den weißfarbenen Blüten des **Nordischen Moosglöckchens** *(Linnea borealis)* bewachsen. Dieser Bewuchs ist für den nordischen Kiefernwald typisch. Die zahlreichen **Bartflechten** an den Ästen deuten auf reine Luft hin, denn Flechten können generell als Indikator für die Luftqualität verwendet werden. Je mehr Schwefeldioxid, das von Heizungen und Industrieabgasen stammt, in der Luft ist, desto schlechter wachsen die Flechten.
Jetzt verläuft der Weg leicht abwärts, verläßt den Wald und tritt in ein strauchbewachsenes Moorgebiet ein. Vorbei an einem kleinen See erreichen wir eine Anhöhe, von der wir nach Süden zum gewaltigen Berggebiet des nahen Jotunheimen rund um die Besshøa schauen. Gleich danach fällt unser Blick auf merkwürdige, kuppelförmige Ameisenhaufen. Durch diese Form nützen die Ameisen die Strahlungswärme der Sonne optimal aus. Wird ein solcher Haufen von einem Vogel zerstört, verlassen ihn die Ameisen, bauen an einer anderen Stelle einen neuen auf, und der alte verwächst mit Gräsern. Unser Rundweg schließt sich an der Grenze des Naturreservats, wir überqueren den Birisjøbekken und folgen dem Weg nach rechts zurück bis zum Ausgangspunkt.

Typischer Knüppelpfad in moorigem Gelände.

Sonstiges:
Die Felskluft oder Schlucht »Ridderspranget« südlich von Randsverk ist über eine Schotterstraße zu erreichen, die von der RV 51 in östlicher Richtung abzweigt und etwa 800 Meter in mehreren Serpentinen abwärts zu einem Parkplatz führt. Hier beginnt ein kurzer, wenige hundert Meter langer Steig, der zur Sjøa hinab führt und unmittelbar bei der Felskluft endet. Unmittelbar flußabwärts unterhalb der Schlucht hat das Wasser kleine Gletschertöpfe aus dem Fels gewaschen. Auf den steilen Felsflanken rund um die mit Geländern gesicherte Aussichtsplattform wachsen zahlreiche Strauß-Steinbreche *(Saxifraga cotyledon)*.

Auf einen Blick

Empfohlene Jahreszeit:
Juni bis Mitte September.
Öffentliche Verkehrsmittel:
Buslinie von Fagernes nach Vågåmo auf der Straße 51. Der Bus hält auch am Parkplatz zum Naturlehrpfad bzw. nach Absprache mit dem Busfahrer.
Anfahrt mit dem Auto:
Auf der RV 51 von Fagernes-Valdres Richtung Vågåmo/Lom, ca. 8 km nördlich von Gjendesheim liegt im Almgebiet von Russlisætrene ein kleiner Parkplatz am östlichen Straßenrand; hier beginnt der Naturlehrpfad Hulderstigen ins Schutzgebiet Stuttgonglia.
Empfohlene Gebietskarte:
Staatskarte M 1:50 000, Blatt 1618 II, Sjødalen.
Ausrüstungstips:
Einfache Wanderausrüstung ist ausreichend.
Einkehrmöglichkeiten:
Hindsæter Fjellstue, Gjendesheim Turisthytte, Bessheim Fjellstue.
Auskunft:
Vågå Reiseliv Touristenbüro in Vågåmo, Tel. 61 23 78 80, Fax 61 23 71 44.
Unterkunft/Camping:
Bessheim Fjellstue, Hindsæter Fjellstue, Maurvangen Camping und Hütten, Randverk Kiosk und Camping, Campingplatz Sjødalen Villmarksliv.
Hinweis:
Im Sjødalen ist, wie im gesamten Gemeindegebiet von Vågåmo, das Zelten auf Freiflächen und Parkplätzen entlang der Straße verboten.

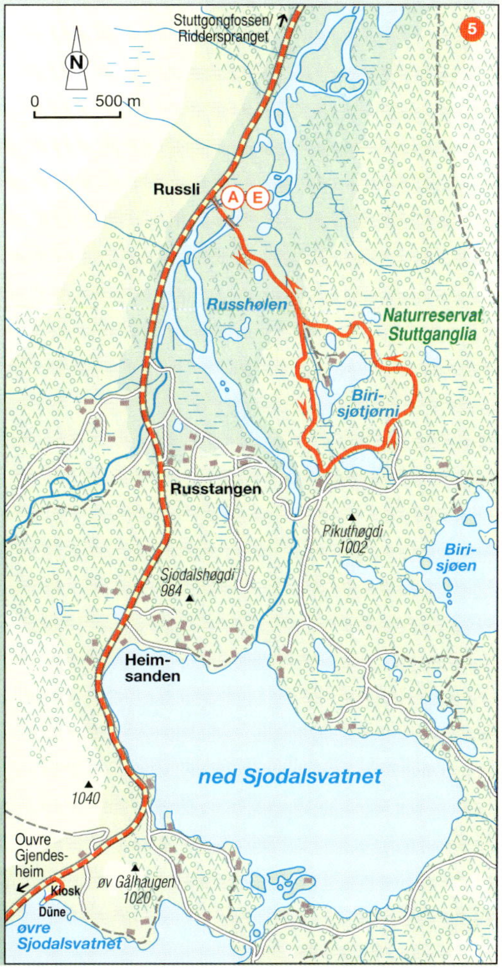

Die unberührte Landschaft rund um den Femundsee im Südosten Norwegens lockte schon vor 100 Jahren Wanderer in diese einsame Gegend; hier ein Uferabschnitt bei Haugen.

6

Der Nationalpark Femundsmarka

Urtümliche Landschaften am Femundsee im Osten Norwegens

Der Femundsmarka-Nationalpark befindet sich 180 Kilometer von Trondheim und 35 Kilometer von Røros entfernt. Wir erreichen den Park von Norden mit dem Schiff »Femund II«, das von Sørvika aus über den See nach Süden bis Buvika und sonntags bis Femundsenden fährt. Die Wanderung führt durch das Landschaftsschutzgebiet Femundsmarka in den Nationalpark zur Hütte Røvollen. Entlang dem Pfad an der Røa gelangen wir zum See von Røasten. Dann verlassen wir das bewaldete Terrain und wandern auf die beeindruckende Hochfläche Röveltjørnane – die typische Landschaft des Parks –, von der man den höchsten Berg der Femundsmarka ständig im Blick hat. Schließlich steigen wir zum Hof Haugen ab und kehren vom Schiffsanleger Haugen nachmittags nach Sørvika zurück.

INFO

Ausgangsort:
Sørvika bzw. Røsanden, Schiffsanleger.

Zielort:
Sørvika bzw. Haugen, Schiffsanleger.

Tourencharakter:
Waldwege und Bergpfade, deutlich ausgetreten und gut begehbar, manchmal steinig, auf der Hochebene Blockhalden. Bis zur Abzweigung »Svukuriset« rote T-Markierung, danach unmarkiert.

Gesamtlänge: 13 km

Gehzeit: 5–5,5 Std.

Natur beobachten

FISCHE

Die Flüsse dieses Gebiets sind ebenso wie die Seen für ihren Fischreichtum bekannt und locken in den Sommermonaten zahlreiche Angler an. Hecht, Äsche, Forelle, Felchen, Saibling, Aalquappe und Barsch gehören zu den häufigsten Arten.

SÄUGETIERE

Die artenarme Pflanzenwelt der Femundsmarka bedingt auch, daß nur wenige Tierarten hier leben. Dennoch ist das Gebiet ein wichtiger Überlebensraum für bedrohte Arten. Vor allem Luchs, Vielfraß und ab und zu der Bär können sich in den einsamen Weiten zwischen Norwegen und Schweden behaupten. Aus dem Dovrefjell sind 1971 fünf Moschusochsen eingewandert, die sich im Norden rund um den Muggsjøen aufhalten und zu einer Herde von etwa 20 Tieren entwickelt haben. Im Winter ziehen sie ins nahe Rogen-Gebiet. Der Waldreichtum und die vielen Seen sind ein idealer Lebensraum für zahlreiche Elche. Auch Rentiere leben hier; sie sind jedoch domestiziert. Biber halten sich entlang der Røa auf, der Fischotter ist an allen Flüssen des Nationalparks heimisch.

Ein wahrer Blütenteppich aus Schwedischem Hartriegel.

Die Bergheide wächst in offenem Gelände.

PFLANZEN

Die Femundsmarka liegt in einer sehr trockenen Klimazone. Fehlende Feuchtigkeit und die äußerst langsame Bodenbildung schaffen keine guten Voraussetzungen für das Entstehen einer artenreichen Flora. Weil das harte Granitgestein nur sehr langsam verwittert, bildet sich kaum ein humoser Oberboden. Die prägende Pflanzengemeinschaft ist ein lichter Schneeheide-Kiefernwald nordischen Typs, der im Unterwuchs hauptsächlich mit Zwergsträuchern aus der Familie der Heidekrautgewächse wie Preiselbeere *(Vaccinium vitis-idaea)*, Schwarzer Krähenbeere *(Empetrum nigrum)*, Schneeheide *(Erica carnea)* und Heidekraut *(Calluna vulgaris)* bewachsen ist. Dazwischen fallen die zartweißen Blüten des Nordischen Moosglöckchens *(Linnea borealis)* und die roten Glocken der Blauheide *(Phyllodoce caerulea)* auf. Kahle Felsplatten können auch nur mit Flechten, vor allem Rentierflechte *(Cladonia rangiferina)*, Schneeflechte *(Cetraria nivalis)* und anderen der Gattung *Cladonia* bewachsen sein. Der Baum, der solche karge Lebensbedingungen am besten meistert, ist die Waldkiefer *(Pinus sylvestris)*. Wegen ihrer Fähigkeit, tiefe und weit verzweigte Pfahlwurzeln auszubilden, kann sie sich zwischen den Felsen halten und irgendwo in der Tiefe auf Wasseradern stoßen. Abgestorbene, jahrhundertealte

Kiefern brauchen äußerst lange zum Verrotten und stehen als silbrig-dürre Skelette in der Landschaft. Auf ihnen wächst die schwefelgelbe, giftige Wolfsflechte *(Letharia vulpina)*, die schon von Carl von Linné hier beschrieben wurde. Sobald das Gelände für die Kiefer bei zunehmender Seehöhe zu rauh wird, ändert sich auch der Unterwuchs. Zwergweiden und Alpenbärentraube *(Arctostaphyllos alpinus)* nehmen zu. Üppigerer Bewuchs mit Birken und feuchtigkeitsliebenden Hochstauden kommt in der Femundsmarka nur an kleineren Bächen in tieferen Lagen und an den Stillwasserbereichen der Seen vor. An Mooren treffen wir das Gewöhnliche Fettkraut *(Pinguicula vulgaris)*, eine fleischfressende Pflanze an.

SCHUTZGEBIET

Schon vor mehr als 100 Jahren begann der Schiffsverkehr auf dem Femund, Norwegens zweitgrößtem See. Dies war die leichteste Möglichkeit, die entlegene und einsame Gegend an der Grenze zu Schweden zu erschließen. 1886 begann ein Dampfschiff namens »Fæmund I« im Sommer mit dem regelmäßigen Schiffsverkehr. Im Unterschied zu heute hatte das Boot damals die Aufgabe, die Bodenschätze und das Holz der Gegend zu befördern. Heute kommen vor allem Wanderer und Trekker in die Landschaft rund um den Femund, um die eindrucksvolle einsame Natur zu genießen. 1971 richtete die norwegische Regierung den Femundsmarka-Nationalpark auf einer Fläche von 345 Quadratkilometern ein, ein zwei Kilometer breiter Streifen zwischen Park und See wurde als Übergangszone als Landschaftsschutzgebiet ausgewiesen. Auf schwedischer Seite schließt das Naturreservat Rogen an, das ebenso wie die Femundsmarka von niedrigen Gebirgen, blockigen Moränenrücken, knorrigen Kiefern und von Flechten überwachsenen Hochebenen geprägt ist. Alle Schutzgebiete umfassen zusammen knapp 1000 Quadratkilometer wildreiche südskandinavische Wildnis. Die heutige Ausformung der Landschaft stammt von den Gletschern der letzten Eiszeit, die über Jahrtausende die Oberfläche formten und abschliffen. Die mehr als zwei Kilometer dicken Eismassen schoben an den Rändern Moränenrücken zusammen, die unzähligen lose umherliegenden Felsblöcke wurden von dem abschmelzenden Eis vor 10 000 Jahren auf der Hochebene zurückgelassen.

Der Luchs fühlt sich in den weiten Waldgebieten des Nationalparks wohl und hat eine stabile Population entwickelt.

Zu Fuß und mit dem Schiff

Das kleine Schiff »Femund II«, das schon 80 Jahre alt ist, bringt uns um 9 Uhr morgens auf den offenen Femund-See hinaus. Bald ragt der höchste Gipfel des Nationalparks, der Svukuriset, auf. Etwas mehr als 30 Minuten dauert die Überfahrt zum Bootsanleger bei Røsanden, wo wir die Wanderung beginnen.

Unmittelbar nach dem Steg weisen Schilder auf den Nationalpark hin, und wir folgen dem deutlich ausgetretenen Pfad durch den **Föhrenwald**. Schon die ersten Meter des Weges zeigen den kaum mit Humus bedeckten Boden. Zahllose Steine erschweren das Gehen. Bald erreichen wir die Holzbrücke über die Røa. Auf dem gegenüberliegenden Ufer biegt der Weg nach links in ein Gelände mit üppigerer Vegetation ein. Nasse Böden und Moore begünstigen einen krautigen Bewuchs und lichten **Birkenwald**, der vor allem in der Nähe des Flusses gedeiht. Wir entfernen uns allmählich vom Bachufer, steigen leicht bergan und gelangen bald wieder in kargen, flechtenbewachsenen Kiefernwald. Trockenes, felsig-sandiges, mit **Zwergstrauchheiden** und **Flechten** bewachsenes Waldterrain begleitet uns nun eine Stunde lang bis kurz vor die Hütte von Røvollen. Unterbrochen wird dieser Bewuchs nur zweimal an querenden Bächen, die von Feuchthochstauden aus **Echtem Mädesüß** *(Filipendula ulmaria)*, **Blutwurz** *(Potentilla erecta)*, **Europäischer Trollblume** *(Trollius europäus)* und **Waldstorchschnabel** *(Geranium sylvaticum)* gesäumt sind. Der Weg führt immer wieder über kleinere, aussichtsreiche Anhöhen. Scharfkantige Felsblöcke, Blockhalden und glattgeschliffener Granit, der nur mit zentimeterdicken Flechten überwachsen ist, verleihen die-

Die Wegkreuzung nach Haugen und zum Svukuriset.

Die Holzbrücke über die Røa am Weg nach Røsanden.

sem Wald einen eigentümlichen Charakter. Nach 30 bis 40 Minuten überqueren wir, durch eine Informationstafel gekennzeichnet, die Nationalparkgrenze. Später folgt eine alte, wackelige Holzbrücke, die noch aus der Zeit der Flößer stammt. Wir queren den Seitenbach, wandern ein paar Meter abwärts und erreichen nach eineinviertel bis eineinhalb Stunden das Wiesengelände rund um die Hütte von Røvollen.

Südlich der Hütte führt ein kleiner, unmarkierter Steig zum Fluß Røa und trifft dort auf den romantischen Uferpfad. Wenn wir etwa einen Kilometer wieder zurück flußabwärts wandern, kommen wir zu den Stromschnellen der Røa. Der sonst breite, gemächliche Fluß überwindet an dieser Stelle eine felsige Geländestufe und bildet Kaskaden, Becken und kleinere Wasserfälle aus. Wir folgen jedoch dem Pfad flußaufwärts und gehen stets am Ufer entlang, vorbei an Rastplätzen und Feuerstellen. Der zum Teil nicht immer deutliche Weg windet sich am mäandrierenden Fluß entlang. In Abschnitten mit ruhigem Wasser sehen wir alte Biberbauten und die charakteristischen Nagespuren der **Biber** an den Bäumen. Seit den sechziger Jahren kommen die Biber wieder entlang der Røa vor, aber die scheuen Tiere lassen sich nur selten sehen. Nach etwa 20 Minuten erreichen wir wieder den markierten Hauptweg und folgen diesem über Gelände mit groben Steinblöcken bis zur Brücke über die Røa. Diese quert das Gewässer knapp nach dem Ausfluß aus dem Nedre Røasten, den wir in den folgenden 30 Minuten immer wieder sehen werden.

Nun folgt ein abwechslungsreiches Wegstück mit kleineren Hügeln, Strecken mit groben Gesteinsblöcken und Senken. Zwischen den felsigen, mit Kiefern bewachsenen Rücken liegen kleine Tümpel und versumpfte Mulden, in denen auch **Zwerg-**

Die DNT-Hütte Røvollen.

Eine unverkennbare Nagespur der Biber.

Das Nordische Moosglöckchen.

birken *(Betula nana)* wachsen. An moorigen Stellen kommen **Rasenbinse** *(Trichophorum caespitosum)* und **Scheidiges Wollgras** *(Eriophorum vaginatum)* vor. Der Pfad beginnt anzusteigen, der Wald nimmt allmählich ab, und nach gut zweieinhalb Stunden überschreiten wir die Waldgrenze. Wir erreichen die kahle, an Seen reiche Hochebene von Röveltjørnane und folgen dem Pfad durch Felsblöcke und vorbei an kleineren und größeren Lachen. Vor uns ragt der markante, kegelförmige Gipfel des Svukuriset auf. In leichtem Auf und Ab durchqueren wir die Seenplatte, bis wir nach dreieinhalb Stunden an einer mit Wegweiser gekennzeichneten Kreuzung ankommen.

Nach links führt der markierte Bergpfad zum Gipfel des Svukuriset (2,5 Std.), geradeaus ist unser Ziel, Haugen, angeschrieben. Auf Markierungen müssen wir nun verzichten, werden jedoch keinerlei Orientierungsprobleme haben. Wir schlängeln uns durch die Seen hindurch, vorbei an den kleinen Buchten, die mit **Steifsegge** *(Carex elata)* und **Schnabelsegge** *(Carex rostrata)* bewachsen sind. Unsere Schritte werden vom eindringlichen Ruf des **Goldregenpfeifers** begleitet, und in den Moorflächen erkennen wir den **Regenbrachvogel** an seinem dünnen, langen Schnabel. Die Hochebenen sind auch die Heimat des seltenen **Steinadlers**, des **Rauhfußbussards** und des **Merlins**. Mit viel Glück bekommt man vielleicht sogar den **Mornellregenpfeifer** zu Gesicht.

Es folgen kleinere Rücken, größere Felsblöcke, langgezogene Senken und eine Bachquerung, und wir genießen eine freie Rundum-Sicht über die zentrale Landschaft des Parks. Am Südwestende des großen Sees von Röveltjornane zweigt an einem markanten Punkt ein kleiner Steig scharf nach rechts ab, der nach Storvika führt. Wir halten uns aber geradeaus und wandern in südwestlicher Richtung der Grenze des Nationalparks entgegen, die wir nach etwas mehr als vier Stunden erreichen.

Nun beginnen wir mit dem Abstieg nach Haugen und treten bald wieder in mit Kiefern bewachsenes Gelände ein. Der breite Felsrücken zieht mit stetem Gefälle dem Femundsee entgegen. Vorbei an einem kleinen See zur Linken und etwas später an einer Abzweigung, die zum Store Svuku führt, kommen wir nach fünf Stunden zum Gatter des Gehöftes von Haugen. Das Gelände, das aus blumenreichen Wiesen und einigen Holzhäusern besteht, müssen wir queren. Da es sich um Privatbesitz handelt, sollten wir den ausgetretenen Fußpfad nicht verlassen. Im Hauptgebäude werden Speisen und Getränke angeboten, in einem Nebengebäude können Wanderer übernachten. Links des Weges steht ein Stabbur, ein in typischer Blockbauweise errichteter Speicher.

Nach dem Hofgelände passieren wir ein zweites Gatter, folgen einem breiten Waldweg und erreichen nach wenigen Minuten den Bootssteg von Haugen. Das Schiff legt montags bis samstags um 15.30 Uhr, sonntags um 19.15 Uhr an; die Rückfahrt bis Sørvika dauert eine Stunde.

Auf einen Blick

Empfohlene Jahreszeit:
Ende Juni bis Ende August.
Öffentliche Verkehrsmittel:
Buslinie von Røros nach Sørvika, in Abstimmung mit dem Schiffsfahrplan; Abfahrt in Røros beim Bahnhof täglich um 8.15 Uhr, Rückkehr wochentags und samstags 17.45 Uhr, sonntags 21.45 Uhr.
Anfahrt mit dem Auto:
Von Røros auf der RV 702 durch das Mølmannsdalen 34,5 km zum Parkplatz bei Sørvika; 200 Meter zum Schiffsanleger der »Femund II«.
Fahrzeiten:
»Femund II«: 15. Juni bis 31. August Abfahrt in Sørvika täglich 9 Uhr, Rückkehr montags bis samstags 16.15 Uhr, sonntags 21 Uhr; vom 1. September bis 31. Oktober eingeschränkte Fahrzeiten; Fahrplan-Info Tel. 72 41 37 14, Fax 72 41 27 15.
Hinweis:
Wer die Tour an einem Sonntag macht, hat wegen der späteren Rückfahrzeit des Bootes 4 Stunden mehr zur Verfügung.
Empfohlene Gebietskarte:
Turkart M 1:100 000, Nordre Femund; Staatskarte M 1:50 000, Blatt 1719 II, Elgå, 1719 I, Røa.
Ausrüstungstips:
Festes Schuhwerk, Proviant, Wasser.
Einkehrmöglichkeiten:
Am Weg keine. Kiosk auf der »Femund II«; Gjestegård Langen, Gehöft in Haugen.
Auskunft:
Touristenbüro Røros Reiseliv Touristkontor, N-7461 Røros, Peder Hiortsgata 2, Boks 123, Tel. 72 41 11 65, Fax 72 41 02 08.
Unterkunft:
Gjestegård Langen, 3 km vor Sørvika, Hüttenvermietung und Campingplatz; Hüttenvermietung im Gehöft Haugen; Selbstversorgerhütte Røvollen des DNT.
Sonstiges:
Einen Besuch wert ist die Altstadt von Røros mit dem Bergbaumuseum, die als Weltkulturerbe der UNESCO ausgewiesen ist.

Die typische Landschaft des Nationalparks.

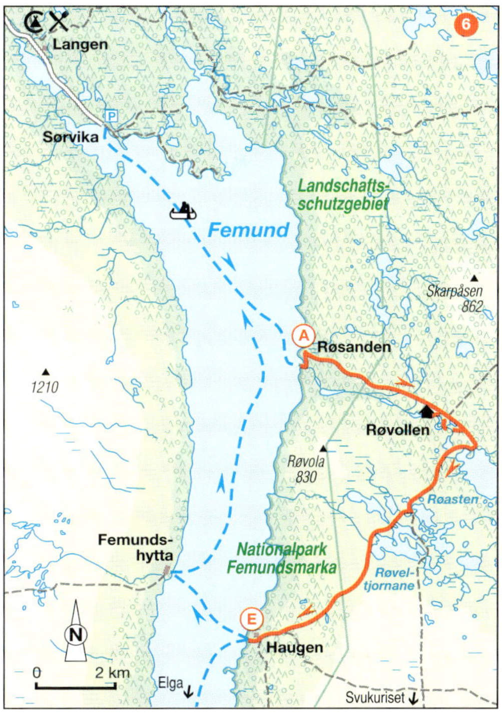

Der Bødalsbreen im südöstlichen Talschluß des Lodalen gehört zum Jostedalsbreen, dem größten Gletschergebiet auf dem europäischen Festland.

Vom Lodalen zum Bødals-breen

Eindrucksvolle Tal- und Gebirgsnatur im Bannkreis des Lovatnet

Das prachtvolle Lodalen schließt im östlichen Gebiet des Jostedalsbreen unmittelbar an den Innfjord an und schneidet tief zwischen den Gletscherplateaus des Ramnefjellbreen und Skålabreen ein. Der türkisfarbene Lovatnet nimmt das Lodalen ein und gibt den Menschen nur am Ostufer die Möglichkeit, zu siedeln und kleine Höfe zu errichten. Der landschaftliche Kontrast zwischen Meer, See, Gebirge und Gletscher vereinigt sich hier zu einer der schönsten Tallandschaften Norwegens. Unsere Wanderung beginnt am Südostende des Lovatnet und führt uns durch das wildreiche Bødalen auf das Hochplateau der Alm Bødalsseter und weiter zur Gletscherzunge des Bødalsbreen. Entlang des anfangs steilen, später aber angenehmen und abwechslungsreichen Wegs lernen wir die außergewöhnliche Natur dieser gletschergeformten Landschaft kennen.

INFO

Ausgangsort:
Loen bzw. Bødal.

Zielort:
Bødal.

Tourencharakter:
Breite, geschotterte Fahrwege, gut begehbarer Bergpfad am letzten Stück zum Bødalsbreen.

Gesamtlänge: 16 km

Gehzeit: 5 Std. (hin und zurück).

Dekorative Staude: der Gilbweiderich.

Häufig im Lodalen: der Purpur-Fingerhut.

Natur beobachten

GEOLOGIE

Angesichts der vielen Gletscherzungen des Jostedalsbreen erhebt sich die Frage, wie Gletscher überhaupt entstehen. Zuerst ist wichtig, daß die Temperatur eines Gebiets einen Teil des Jahres im Minusbereich liegt. Schnee ist unabdingbar, allerdings nicht unbedingt in großen Mengen notwendig. Entscheidend ist vielmehr das Gleichgewicht zwischen Niederschlägen in Form von Schnee und der Schneeschmelze. Damit sich ein Gletscher bilden kann, muß im Laufe einer Zeitperiode mehr Schnee fallen als schmelzen. Mit zunehmender Mächtigkeit der Eis- und Schneeschicht beginnt sich diese zu bewegen, gleitet über Böschungen – die ursprünglichen Firnfelder und Schneewehen sind zu einem Gletscher geworden. Die Verdichtung der Schneeschicht zu Eis entsteht durch Schmelzvorgänge. Dazu kommt der Druck, der zunimmt, wenn der Gletscher zu wachsen beginnt. Im Laufe der Zeit entsteht so das kompakte Gletschereis. Eine typische Gletscherzunge, wie wir sie in unserem Tourengebiet zahlreich antreffen, besteht aus einem »Nährgebiet«, wo die Niederschlagsmenge größer ist als die Verdunstung. Talwärts folgt die »Zungenregion«, die über das felsige Gelände fließt. In ihr entstehen die Eisbrüche und Gletscherspalten. Im Tal, wo die zunehmende Wärme mehr abschmelzen läßt als hinzu kommt, endet der Gletscher im »Zehrgebiet«. Durch das sogenannte Gletschertor am Fuß des Gletschers treten die Schmelzwasserflüsse zutage und speisen oft Seen im Gletschervorfeld. Die Türkisfärbung dieses Wassers geht auf feinste Sand- und Schluffpartikelchen zurück, die darin gelöst sind und nur sehr langsam zu Boden sinken. Als »Moräne« wird der Schutt bezeichnet, den der Gletscher durch die Fließbewegung an seiner Basis transportiert.

VÖGEL

In den Birkenwäldern an den Gebirgsflüssen halten sich Blaumeise, Buchfink, Bekassine, Gelbspötter und Rotkehlchen auf. Für höhere Lagen im Gletschervorfeld ist die Schneeammer typisch. Die Wasseramsel bevorzugt die etwas unruhigeren Bachabschnitte; man kann sie sowohl im Bødalen als auch im Kjenndalen sehen. Das Alpenschneehuhn lebt selbst im Winter in den rauhen Gebirgstälern, denn es ist bestens an die harten äußeren Bedingungen angepaßt. Es verzehrt fast ausschließlich Knospen und tarnt sich sehr gut. Im Winter trägt es ein völlig weißes Federkleid. Nur am Kopf bleibt eine rote Stelle. Trotzdem wird es von allen Raubtieren und Greifvögeln gejagt. Im Bødalen ist dies oftmals der Steinadler.

PFLANZEN

Die Pflanzenwelt des Lodalen und seiner Seitentäler wird von besonderen ökologischen und klimatischen Faktoren geprägt, die auf die Gletscher zurückzuführen sind. An den steilen Nordhängen wachsen artenärmere Birkenwälder, die im Unterwuchs Farne wie Rippenfarn *(Blechnum spicant)* und Berglappenfarn *(Thelypteris limbosperma)* enthalten. Auf den schotterreichen Talböden wachsen Grauerlenwälder, in denen die hochwüchsigen Straußfarne *(Matteuccia struthiopteris)* auffallen. Die südlichen Hangseiten sind üppiger mit Laubbaumarten wie Ulme *(Ulmus glabra)*, Hängebirke *(Betula pendula)* und Haselnuß *(Corylus avellana)* bewachsen. Im Tal finden wir infolge der menschlichen Nutzung zahlreiche trockene und von der Sonne aufgeheizte Wegränder und Hänge vor, die nicht mehr die ursprüngliche Waldvegetation aufweisen. Ein bunter Blumensaum aus trockenheitsliebenden Pflanzen wie Schwarzer Königskerze *(Verbascum nigrum)*, Getüpfeltem Johanniskraut *(Hypericum perforatum)*, Rainfarn *(Tanacetum vulgare)* und dem auffallenden Purpur-Fingerhut *(Digitalis purpurea)*, ist typisch für diese Bereiche. Rund um die Hüttensiedlung Breng fallen an den Ufern des Lovatn Hochstaudenfluren aus Mädesüß *(Filipendula ulmaria)*, Waldengelwurz *(Angelica sylvestris)* und Gilbweiderich *(Lysimachia vulgaris)* auf. Die Winkelsegge *(Carex remota)*, die feuchte Laubwälder liebt, kommt in ganz Norwegen nur im Bødalen und an zwei weiteren Stellen rund um Stryn vor. In den kühlen Quellfluren der Berghänge wachsen Stern-Steinbrech *(Saxifraga stellaris)*, Goldgelber Hahnenfuß *(Ranunculus auricomus)* und die Hain-Sternmiere *(Stellaria nemorum)*. Die Pionierpflanzen des Gletschervorfeldes, die als erste den Moränenschutt besiedeln, müssen zu den kargen Bodenverhältnissen noch den kalten Gletscherwind aushalten. Die im Bødalen vorkommenden Arten wie Nickender Steinbrech *(Saxifraga cernua)*, Arktisches Hornkraut *(Cerastium arcticum)*, eine Mastkraut-Art *(Sagina intermedia)*, die Binse *Juncus biglumis* und das Weidenröschen *Epilobium lactiflorum* sind zudem noch sehr selten.

Ein Alpenschneehuhn-Hahn im »Juni-Kleid«.

Vorbei an Bauernhöfen bis an den Gletscherrand

Das Lodalen gilt als eines der bedeutendsten Wandergebiete Norwegens. Neben den zahlreichen Möglichkeiten, zum Gletscherplateau des Jostedalsbreen zu gelangen, bietet vor allem am Taleingang der 1848 Meter hohe Skalatårnet die Bergtour mit dem größten Höhenunterschied Norwegens an. Da der Bergpfad auf Meeresniveau beginnt, sind bis zum Gipfel ebenso viele Höhenmeter zu überwinden. Der kurze Talabschnitt zwischen dem Fjordende bei Loen und dem Beginn des Sees bei Vassenden wird vom smaragdgrünen Loelva durchflossen, an dessen Ufer zuerst noch Obstbaumhaine, Äcker und Erdbeerplantagen liegen. Bei Vassenden blicken wir unvermittelt auf den nur 50 Meter über dem Meeresspiegel liegenden türkisfarbenen See mit den steil aufragenden Bergketten. Eine schmale, einspurige Straße erschließt heute das Tal bis zum Kjenndalsbreen. Die 13 Kilometer lange Anfahrtsstrecke von Loen bis zum Ausgangspunkt unserer Wanderung am Eingang zum Bødalen legen wir entweder mit dem Auto oder mit dem Fahrrad zurück. Die einspurige Straße verläuft am Ostufer des Sees knapp über dem Ufer und durchschneidet mehrmals die Weidegebiete ehemaliger Bauernhöfe und Almen wie z. B. Sande, Breng, Hellsete oder Hogrenning. Am Südende des Lovatnet erreichen wir den mit Weiden bewachsenen Schwemmkegel des Bødalselva.

Beim kleinen Kiosk, der an der Abzweigung der Schotterstraße ins Bødalen steht, beginnt unsere Wanderung, und wir steigen entlang dem Bødsalselva 550 Höhenmeter an bis auf das Plateau der Bødalseter. Gegenüber dem Kiosk blicken wir auf eine Wiese hinüber, wo einst der Hof Myklabø stand. Dieser wurde, wie die anderen Häuser von Bødal, durch Naturkatastrophen zerstört, die mehrmals in den vergangenen 100 Jahren das hintere Lodalen heimsuchten. 1905 ereignete sich zum Beispiel ein folgenschwerer Erdrutsch.

Zuerst verläuft der Weg mit mäßiger Steigung durch einen lichten Fichtenwald. Am Wegesrand leuchten uns die zahlreichen Blumen des Lodalen entgegen, von denen vor allem der **Purpur-Fingerhut** *(Digitalis purpurea)* auffällt. Der vordere Teil des Bødalen selbst wirkt eng und ist einem V-Tal ähnlicher als einem gletschergeschliffenen U-Tal. Wir gewinnen an Höhe, und allmählich übernimmt dichter Birkenwald den Bewuchs. Dieser überzieht die steilen Hänge des Tales und reicht bis an den Rand des tosenden Flusses. Der nun sehr holprige und steile Weg windet sich um Hangrücken herum und überquert Seitenbäche, die vom Raudinakken herabkommen. Auf der gegenüberliegenden Talseite taucht eine Abflachung im Steilhang auf. Sie stammt vom Gletscher, der durch das Bødalen zum Lovatnet geflossen ist. Bei einer Serpentine haben wir bereits fast vier Kilometer des Anstiegs hinter uns gebracht und werden vom Sprühnebel des Huldrefossen erfrischt, der unmittelbar neben dem Weg wild tosend zu Tale stürzt. Hier ist die Vegetation wegen der hohen Feuchtigkeit besonders üppig.

Nach etwa eineinhalb Stunden haben wir den Hauptanstieg geschafft und erreichen den Rand des Almplateaus der Bødalseter. Lichter Birkenwald begleitet nun den Weg, und wir treffen auf die Oberkante des Huldrefossen. Vor uns erstreckt sich das weite und saftig-grüne Plateau der Bødalseter, umgeben von den Hochgebirgen des östlichen Jostedalsbreen. Von allen Seiten greifen Gletscherzungen nach dem Talboden, und wir sehen von der Alm aus den

Am Übergang des Lodalen zum Almplateau der Bødalseter.

Das Hüttendorf Breng am Lovatnet.

Ein »junger« Strauß-Farn im Frühjahr.

Typisch an Gebirgsbächen: die Spießweide.

Detail eines Gletscherabbruchs, hier der Tindefjellbreen.

Bødalsbreen im Süden, den Bohrsbreen und Skålabreen im Osten sowie den Tindefjellbreen im Norden. Der Kontrast der saftig-grünen Weiden zu den silbergrauen Gesteinen und den weißen Gletscherströmen ist kaum zu überbieten. Die Besonderheit der Alm liegt neben der eindrucksvollen Landschaft in ihrer Bauform. Die Hütten verteilen sich nicht wie üblich über den gesamten Talboden, sondern stehen in einer Wohnhaus- und einer Stallreihe zusammen. Diese sehr ungewöhnliche Form wählte man wahrscheinlich zum Schutz gegen Lawinen, sie ist im gesamten Bereich des Nordfjordes nicht noch einmal anzutreffen. Früher herrschte hier im Sommer ein reges Almleben, heute kommen hauptsächlich Bergsteiger, um zu Gletschertouren zum Bødalsbreen und zur Lodalskåpa aufzubrechen. Hinter der Häuserreihe befindet sich ein etwa 15 Meter hoher und 80 Meter langer Rücken, der Huldrehaugen genannt wurde. Eine Sage berichtet, daß in diesem Hügel Huldrefrauen, die hier als Hexen gelten, wohnten und mit den Hirten machen Spuk trieben.

Wir queren den Almboden und folgen den Trittspuren nach rechts zu einer Brücke über die Bødalselva. Wir wandern am Fluß leicht ansteigend taleinwärts und durchqueren einen üppigen Birkenwald. Der Weg bietet herrliche Blicke auf den mäandrierenden Fluß, die umliegenden Gebirge und die herabhängenden Gletscherzungen. Wir biegen nach rechts ins Gletschervorfeld des Bødalsbreen (2 Std.) und treffen auf eine Landschaft, die über einen langen Zeitraum hinweg den Schwankungen der Gletscherzunge unterworfen war. Die Eismassen haben Moränenrücken hinterlassen, die von einer äußerst empfindlichen und artenreichen Flora bewachsen sind. Deshalb müssen wir auf dem markierten Weg bleiben, um diese Pionierpflanzen vor Trittschäden zu bewahren. Vor uns liegt nun die langgezogene Gletscherzunge des Bødalsbreen; sie fließt zwischen dem Bødalfjellet und der Lodalskåpa zu Tal. Das Wasser des kleinen Gletscherflusses, das an der Unterseite der Zunge austritt, verändert ständig seinen Lauf, führt Kies, Sand und Schluff mit sich und bildet ein sogenanntes »Sanderdelta«. Es mündet mit einem Delta in den Sætravatnet. Unterhalb des Sees schließen die mächtigen Endmoränen an, die in dieser Form im gesamten Gebiet des Jostedalsbreen nicht mehr vorkommen. Von oben betrachtet wirken sie wie wellenförmige Bänder, die parallel zueinander angeordnet sind. Die erste und älteste Moräne liegt unmittelbar hinter der Bødalsseter, die jüngste knapp unterhalb des Sætravatnet. Diese besitzt die Form eines Zick-Zack-Bandes. Der nun sehr schmale Steig führt am Westufer des Sees vorbei und endet erst bei der Gletscherzunge (2 Std. 45 Min.). Hier beginnen die Gletschertouren zum Eisplateau des östlichen Jostedalsbreen und zur Lødalskåpa, die jedoch nur unter fachkundiger Führung unternommen werden dürfen. Nachdem wir uns an der beeindruckenden Gebirgsszenerie sattgesehen haben, kehren wir auf demselben Weg zuerst zur Alm und weiter zum Ausgangspunkt am Lovatnet zurück (ca. 5 Std.).

Auf einen Blick

Empfohlene Jahreszeit:
Juni bis Mitte September.
Öffentliche Verkehrsmittel:
Keine.
Anfahrt mit dem Auto:
RV 60 von Stryn nach Byrkjelo, am Innfjord bei Loen ins Tal abzweigen; über die RV 1 vom Süden nach Byrkjelo, über die RV 15 vom Norden nach Stryn; von Loen 13 km bis Bødal.
Empfohlene Gebietskarte:
Statens Kartverk Jostedalsbreen, Blatt 2229, M = 1:100 000.
Wegmarkierung:
Rote Punkte und T-Markierung.
Ausrüstungstips:
Fernglas, Bergschuhe; Trinkwasser. Achtung: milchig-trübes Gletscherwasser darf nicht getrunken werden!
Einkehrmöglichkeiten:
Am Weg keine. Sande Camping, Hotel Alexandria in Loen direkt an der Hauptstraße.
Unterkunft:
Sande Camping, ganzjährig geöffnet, ausgezeichneter Platz mit hohem Komfort und traumhafter Lage, Tel. 57 87 76 59; Hogrenning Feriehytter samt Campinganlage (einfach), Tel. 57 87 76 52; Loen Hotel, Tel. 57 87 76 61, und Hotel Alexandria in Loen, Tel. 57 87 76 60, moderne Mehrsternehotels; Tjugen Camping zwischen Vassenden und Loen, Tel. 57 87 76 17; Lovik Camping in Loen in Fjordnähe, Tel. 57 87 76 19.

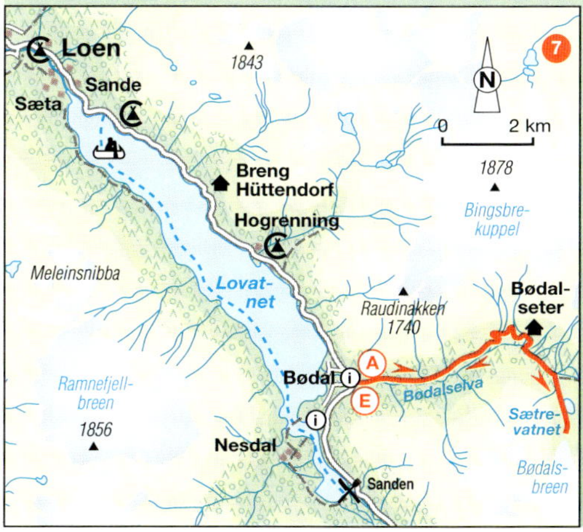

Üppiger Birkenwald im Bødalen.

Auskunft:
Campingplatz Sande mit Info-Kiosk, Kiosk in Bødal (nur im Juli und August geöffnet).
Variante:
Bootstour: 400 m vor dem Campingplatz Sande befindet sich der Bootsanleger der M/B Kjendal, die bis an das Südende des Lovatnet an den Ausgang des engen Kjenndalen nach Sande fährt. Unter dem Felssturzgebiet unterhalb des Ramnefjellet biegen wir in den hinteren Seeabschnitt rund um den Schwemmkegel von Nesdal ein. Der Landungssteg liegt unmittelbar beim Café Sande, hier beginnt der 5,5 km lange, ebene Wanderweg zum Kjenndalsbreen (2,5 Std. hin und zurück). Das Boot fährt um 10.30 Uhr und 15.00 Uhr in Sande ab, die Überfahrt nach Sanden dauert 45 Minuten.
Gletschertouren zum Bødalsbreen und zur Lødalskåpa: Anmeldung im Sommer in Stryn, Tel. 57 87 23 33 bis spätestens 18.00 Uhr. Abmarsch bei der Bødalsseter je nach Vereinbarung; gute Kondition und beste Bergausrüstung sind erforderlich!

Der Briksdalsbreen ist die längste aller Gletscherzungen, die vom gewaltigen Jostedalsbreen in die verschiedenen Seitentäler fließen.

Erdgeschichtliche Wanderung zum Briksdalsbreen

8

Gemütliche »Gletscher«-Tour im Nationalpark Jostedalsbreen

Der Nationalpark Jostedalsbreen, einer der jüngsten norwegischen Parks, schützt das größte Gletschergebiet auf dem europäischen Festland. Dieser einmalige Naturraum reicht von den tief eingeschnittenen Tälern bis zu den vergletscherten Hochgebirgen. Zahlreiche Gletscherzungen, glattgeschliffene Berghänge, Trogtäler, Geröllfelder und auffällige Moränenwälle prägen die von Eis und Wasser geformte Landschaft. Entlang unserer Wanderung dringen wir am Ende des Oldendalen zu der eindrucksvollen Gletscherzunge des Briksdalsbreen vor, die seit mehr als 100 Jahren die Touristen in ihren Bann zieht. Im Anschluß erfahren wir im 60 Kilometer entfernten Informationszentrum des Nationalparks am Strynvatnet viel Wissenswertes zum Nationalpark und zur eisigen, vielfältigen Gletscherwelt. Auf der gegenüberliegenden Seeseite können wir Europas nördlichsten Lindenwald im Naturreservat Flostranda besuchen.

INFO

Ausgangsort/Zielort:
Briksdal im Oldendalen.

Tourencharakter:
Breiter Fahrweg mit einer Steigung von 300 Metern.

Gesamtlänge: 5 km

Gehzeit: 2 Std. (hin und zurück).

Natur beobachten

INSEKTEN

Die Tierwelt ist im Gletschervorfeld infolge des geringen Futterangebotes sehr spärlich. Dennoch kommen sogar auf den Eisflächen Spezialisten wie der Gletscherfloh oder Gletscherweberknecht vor. In den Schmelzwasserlachen halten sich unzählige Insektenlarven auf, die vom Gletscherstrom talabwärts transportiert werden und Fischen und Insekten als Nahrung dienen.

VÖGEL

An höheren Tieren hat nur die Schneeammer diesen rauhen Lebensraum für sich auserkoren, etwas weiter entfernt lebt der Steinschmätzer. Erst die Grauerlengebüsche entlang den Gletscherströmen sind reicher bevölkert, da die Vögel hier ausgezeichnete Lebensbedingungen vorfinden.

PFLANZENWELT

Durch das Abschmelzen der Eismassen entsteht Neuland, das von der Natur sofort in Besitz genommen wird. Und da die Gletscher auch heute noch ständig ab- und zunehmen, können wir alle Stadien dieser Besiedlung aus nächster Nähe beobachten. Eine Wanderung vom Tal zum Gletschervorfeld läßt diesen jahrtausendelangen Überlebenskampf auf engstem Raum erleben, allerdings in umgekehrter Richtung: Denn wir starten ja in den am längsten besiedelten und bereits von fruchtbaren Wäldern eingenommenen Talbereichen. Doch um diesen Prozeß besser zu verstehen, wollen wir uns ihn in der Reihenfolge vor Augen halten, in der er abläuft.

Zuerst kamen die Algen, zum Beispiel die Blutschneealge *(Chlamydomonas nivalis)*, die sich als Einzeller im Schmelzwasser aufhält. Von ihr ernähren sich Insekten und Hohlwürmer, die wiederum von höheren

Trotz der rauhen Umgebung des Hochgebirges findet der Rotfuchs in den Auwäldern der Talböden einen günstigen Lebensraum vor.

Tieren gefressen werden. Durch die Abbauprodukte entstehen erste Bodenpartikel. Daneben besiedeln Krustenflechten wie die Landkartenflechte *(Rhizocarpon geograficum)* die abgeschliffenen Steine der Gletscherfront. Als nächstes halten Blatt- und Strauchflechten Einzug. Bei guter Wasserversorgung treten sofort Moose mit den Flechten in Konkurrenz, sie sind diesen, weil sie schneller wachsen, überlegen. Das Gemeine Quellmoos *(Cratoneurum commutatum)* besiedelt zum Beispiel kalte Schmelzwasserbäche. Dort wo der Schnee lange liegen bleibt, treten die schwarzen Felsenklaffmoose auf. Nachdem die Flechten und Moose die ersten

Die Silberwurz gehört zu den Rosengewächsen.

Kolonien etabliert haben, gesellen sich bald erste Blütenpflanzen hinzu. Einen Vorteil bei diesem Überlebenskampf haben diejenigen Pflanzen, die sich durch Viviparie, d. h. durch Brutknospen, die noch an der Mutterpflanze keimen, fortpflanzen. Ein Beispiel dafür ist die Gebirgs-Schmiele *(Deschampsia caespitosa* ssp. *gaudinii* var. *alpina)* und der Lebendgebärende Knöterich *(Polygonum viviparum)*. Weitere typische Pionierarten des Jostedalgebiets sind der anpassungsfähige Alpensäuerling *(Oxyria digyna)* oder der Nickende Steinbrech *(Saxifraga cernua)*, der offenen Schotter und Sand bevorzugt. Diese Art vermehrt sich hauptsächlich durch Brutzwiebeln, die in den Achseln der Stengel sitzen. Ferner finden wir hier Alpen-Ehrenpreis *(Veronica alpina)*, Dreigriffeliges Hornkraut *(Cerastium cerastoides)*, Alpen-Mastkraut *(Sangina saginoides)*, Zwerg-Ruhrkraut *(Gnaphalium supinum)* und Krautweiden *(Salix herbacea)*. Bleibt die Entwicklung ungestört, folgen diesen Pionierpflanzen Strauchweiden, Grün- und Grauerlen und nach 70 bis 80 Jahren zuletzt der dichte Birkenwald.

Der Natur-aktiv-Tip

In Oppstryn im Norden des Nationalparks an der RV 15 Stryn-Lom wurde ein modernes Besucherzentrum unmittelbar am Strynvatnet errichtet. Es bietet eine reichhaltige Ausstellung zum Nationalpark, zeigt halbstündlich einen zwölfminütigen Naturfilm und verfügt über einen botanischen Garten. Tafeln sowie ein Informationsheft informieren über Namen und die wichtigsten Eigenschaften. Unter den 65 Pflanzen finden wir sowohl alpine Spezialisten wie Rosenwurz *(Sedum rosea)* und Straußsteinbrech *(Saxifraga cotyledon)* als auch alle nordischen Baum- und Straucharten. Bunte Beete mit Wiesen- und Waldkräutern ergänzen zusammen mit einigen Orchideen wie dem Stattlichen Knabenkraut *(Orchis mascula)* und der Waldhyazinthe *(Platanthera bifolia)* den Garten. Eine auffällige und prachtvolle Pflanze, die wir in den Tälern des Parks mit Sicherheit antreffen, ist der Purpur-Fingerhut *(Digitalis purpurea)*. Die Broschüre enthält zu jeder im Garten gepflanzten Art eine charakteristische Zeichnung und einen deutschen Begleittext, so daß wir uns Aussehen und Namen besser einprägen können. (Die Ausstellung und der Film sind kostenpflichtig, für den botanischen Garten wird kein Eintritt verlangt.)

Der Briksdalsbreen mit der neu aufgeworfenen Endmoräne.

Auf dem Weg zum Gletscher: das Oldendal.

Wanderung zur Gletscherzunge des Briksdalsbreen

Das Oldendalen an der Nordseite des Jostedalsbreen gilt als einer der Höhepunkte des Nationalparks. Der aus zwei Teilen bestehende Oldevatnet nimmt beinahe das gesamte 30 Kilometer lange Tal ein und läßt schon an seiner türkisblauen Färbung erkennen, daß er von Gletschern gespeist wird. Das reizvolle Tal wird von den hoch aufragenden Gebirgen des Myklebustbreen im Westen und dem Jostedalsbreen im Osten umrahmt. Am Talende liegen die Weiler Høgalmane und Myklebust. Ganz am Talschluß steht, umgeben von großen Parkplätzen, die Briksdal-Fjellstue, bei der unser zweieinhalb Kilometer langer Wanderweg zur Gletscherzunge des Briksdalsbreen beginnt.

Mit seinem 1200 Meter hohen Eisfall ist der Briksdalsbreen eine der mächtigsten Gletscherzungen des Jostedalsbreen-Nationalparks. Weil er am Ende des Oldentals außerdem leicht zu erreichen ist, kamen schon vor 100 Jahren zahlreiche Besucher in dieses Gebiet. Noch heute kann man die Wegstrecke von der Briksdals-Fjellstove bis zur Grenze des Nationalparks gemütlich mit Pferdekutschen zurücklegen, die von Engländern am Ende des 19. Jahrhunderts als Transportmittel eingeführt wurden. Über einen nicht allzu steilen Fahrweg erreichen wir zu Fuß in gut einer Stunde das Gletschervorfeld. Während sich die Straße in mehreren Serpentinen in die Höhe windet, durchquert der Wanderpfad die Geländestufe auf einer steileren, aber kürzeren Route. Am Weg weisen kleine Holztafeln mit Jahreszahlen auf die Lage des Gletscherrandes während der letzten 10 000 Jahre hin. So wird unser Weg gleich-

Seit 100 Jahren eine Attraktion: die Pferdekutschen.

sam zum naturgetreuen Geschichtsbuch, und wir erfahren ein wenig über die Entstehungsgeschichte dieses von dem Gletscher geformten Tals. Unmittelbar beim Ausgangspunkt an der Fjellstue befinden sich Moränenreste, die der bis ins Tal vorgerückte Gletscher vor rund 10 000 Jahren abgelagert hatte. Damals ging die letzte große Eiszeit zu Ende, und die Gletscher begannen, sich in die Gebirgstäler zurückzuziehen. Wir wandern entlang der Schotterstraße aufwärts und biegen nach 15 Minuten links auf den Fußpfad ab. Der steinige Steig erreicht nach weiteren 15 Minuten den oberen Rand der Steilstufe, und wir stehen an der Stelle, wo die Gletscherstirn um 1760 endete. Damals herrschte eine kleine Zwischeneiszeit, die im 17. Jahrhundert begann und bis etwa 1765 dauerte. Der Briksdalsbreen wuchs zu dieser Zeit stark an und erreichte um 1760 seine bisher größte Ausdehnung seit dem Ende der Eiszeit. Um 1770 lag der Gletscherrand nahe den Wiesen bei Kleivane; er ist noch heute durch einen kleinen Geländebuckel zu erkennen. Zwischen 1800 und 1870 zog sich der Briksdalsbreen stark zurück und reichte um das Jahr 1870 bis in den Bereich des heutigen Wendeplatzes der Pferdekutschen. Hier endet der breite Fahrweg, und es beginnt ein gut ausgetretener kiesiger Steig, der im Vorfeld des Gletschers durch dichten Grauerlenwald führt. Vorbei an einer Gletschermühle folgen wir dem Fußpfad über blankes Gestein in Richtung des Gletscherrands. Gletschermühlen entstehen durch die rotierende Bewegung von Steinen, die sich im Schmelzwasser unter dem Gletscher ins Gestein fräsen. Diese hier ist erst während der »kleinen« Eiszeit entstanden, in der die Gletscher in kurzer Zeit und mit großer Wucht über den Talboden flossen. Ab und zu müssen wir eine kleine Geländestufe

Die Spalten und Klüfte sind typisch für das Ende einer Gletscherzunge.

überwinden, die aus blanken Felsen besteht, auf denen ins Gestein eingeritzte Schrammen und Rippen zu erkennen sind. Solche Spuren hinterläßt der Gletscher, wenn er über die Felsen fließt und Gesteinspartikel in der Gletschersohle festgefroren sind. Aus diesen Schrammen läßt sich die Fließrichtung des Eises exakt ablesen. Nach wenigen hundert Metern erreichen wir den Gletscherrand und stehen dem meterhohen zerklüfteten Eis gegenüber. Da jederzeit Eisblöcke abbrechen und in den See im Vorfeld des Gletschers stürzen können, müssen wir genügend Abstand halten. Diese Abbrüche entstehen dadurch, daß der Gletscher von der Schwerkraft getrieben abwärts fließt.

Seit 1900 hat sich der Briksdalsbreen zurückgezogen, ist aber auch immer wieder gewachsen. Den stärksten Rückgang erlebte er 1948 mit 84 Metern, doch zwischen 1987 und 1995 rückte die Gletscherzunge fast 450 Meter vor. Wichtig für das Wachstum ist ein niederschlagsreicher Winter und ein darauffolgender kühler Sommer, die umgekehrten Verhältnisse führen zum Abschmelzen. Als Ergebnis des starken Vordringens sehen wir Schutthügel vor dem Gletscher. Er gräbt sich an seiner Stirn tief in den Gletschersee ein und wirft eine neue Endmoräne auf. Weil der enorme Druck, der durch die Last des Gletschers auf den Untergrund ausgeübt wird, auch konservierend wirken kann, fand man 1995 einen Weidenstamm im Gletschervorfeld, der nach Untersuchungen mehr als 8400 Jahre alt ist. Vieles deutet darauf hin, daß der Stamm aus einer Zeit stammt, wo der gesamte Jostedalsbreen abgeschmolzen war und an der Stelle des heutigen Briksdalsbreen ein Wald stand.

Vom Rand des Gletschers kehren wir auf dem gleichen Weg ins Tal zurück, wobei wir diesmal der Fahrstraße folgen können. Dort erleben wir die tosenden Wasserfälle, die der Gletscherabfluß im äußeren Briksdalen bildet. Nach zwei bis zweieinhalb Stunden sind wir wieder am Ausgangspunkt unserer erdgeschichtlichen Wanderung angelangt.

Auf einen Blick

Empfohlene Jahreszeit:
Ende Mai/Mitte Juni bis Mitte September.
Öffentliche Verkehrsmittel:
Keine.
Anfahrt mit dem Auto:
Über die RV 60 von Byrkjelo zum Innvikfjorden, bei Olden ins Oldendalen abzweigen, über die RV 15 von Hjelle-Stryn nach Olden; 34 km durch das Oldendalen bis zur Briksdal-Fjellstove.
Empfohlene Gebietskarte:
Karte Jostedalsbreen M = 1:100 000, Statens Kartverk Blatt 2229.
Ausrüstungstips:
Wanderstiefel, Wasserflasche.
Einkehrmöglichkeiten:
Briksdal-Fjellstove, Cafeteria im Nationalpark-Informationszentrum.
Auskunft:
Briksdal-Fjellstove Tel. 57 87 38 11, Besucherzentrum in N-6890 Oppstryn, Tel. 57 87 72 00, Fax 57 87 72 01; Touristeninformation Olden Tel. 57 87 31 26 (Juni bis August von 10.00–18.00 Uhr geöffnet); Stryn Touristeninformation Tel. 57 87 23 33; Informationen für Gletschertouren am Briksdalsbreen: Tel. 57 87 38 11, Fax 57 87 38 61.
Unterkunft:
Campingplätze samt Hüttenvermietung im Oldendalen (Løken, Oldevatn, Gytri, Gytra, Dalen, Melkevoll, Trollbu, Neset; Muri und Solberget nur Hüttenvermietung); Briksdal-Fjellstove.
Sonstiges:
Am Nordrand des Strynvatnet wurde1979 das Pflanzenschutzgebiet Flostranda eingerichtet. Hier treffen wir den nördlichsten Lindenwald Europas mit zahlreichen Arten der gemäßigten Laubwälder an. Die südliche Exposition, die leichte Verwitterbarkeit des Gesteins sowie durch die Fjorde begünstigte klimatische Bedingungen ermöglichen diesen Waldtyp. Neben den mächtigen Linden *(Tilia cordata)* kommen Eiche *(Quercus robur)*, Buche *(Fagus sylvatica)*, Ulme *(Ulmus glabra)*, Spitzblättriger Ahorn *(Acer platanoides)* und Schwarzpappel *(Populus nigra)* vor. In der Strauchschicht herrschen Haselnußsträucher vor. Das Schutzgebiet wird von der einspurigen Straße nach Flo durchquert, die am Westende des Strynvatnet von der RV 15 abzweigt. An zwei kleinen Parkplätzen beginnen Steige, die in den steilen Wald führen und diesen durchqueren. Am Weg weisen über 40 Tafeln auf die wichtigsten Pflanzen hin; im Informations-Zentrum in Oppstryn ist dazu eine kleine Broschüre erhältlich.

Eine der kleinsten Weiden: die Netzblättrige Weide.

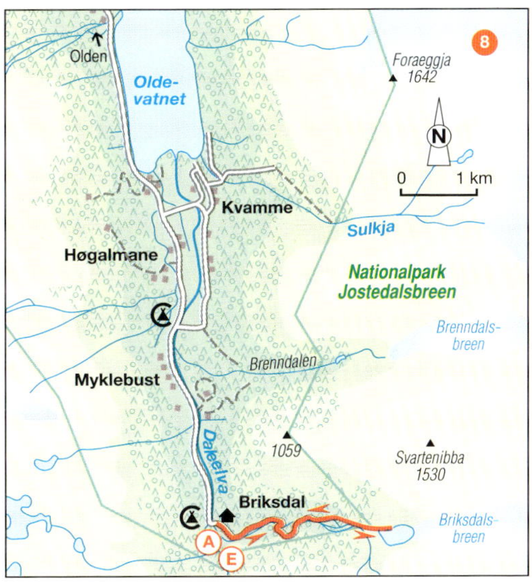

Die Papageitaucher-Kolonien auf Runde zählen zu den wichtigsten Brutgebieten entlang der norwegischen Küste.

9

Vogelinsel Runde

Die größten Vogelkolonien Norwegens südlich des Polarkreises

Die knapp sechseinhalb Quadratkilometer große Vogelinsel Runde stößt südlich von Ålesund weit in den Atlantik vor. Seit einigen Jahren ist Runde über Brücken mit den größeren Inseln der Umgebung verbunden, so daß man von Ålesund aus nur eine Fähre benützen muß, um zur Insel zu gelangen. Sie ragt auf der dem Meer zugewandten Seite 290 Meter aus dem Wasser und trotzt mit breiter, felsiger Stirn den Wellen und Winden. Runde ist ein Paradies für Vogelliebhaber: Papageitaucher, Baßtölpel, Dreizehenmöwen, Trottellummen, Tordalke, Kormorane und viele andere Arten kommen alljährlich zum Brüten auf die kleine Insel. Vom Örtchen Goksøyr an der Nordwestseite führt ein breiter, aber steiler Wanderpfad zu den Vogelfelsen an der Süd- und Westseite. Im Juni und Anfang Juli können wir die Tiere hier aus nächster Nähe beobachten – rund 60 000 Brutpaare der Papageitaucher und mehr als 100 000 Paare der anderen Seevögel.

INFO

Ausgangsort/Zielort:
Goksøyr auf der Insel Runde.

Tourencharakter:
Steiler, morastiger Pfad mit 290 Metern Steigung, teilweise ausgesetzt. Markierung durch farbige Holzpflöcke, violett, rot und grün.

Gesamtlänge: 4,5 km

Gehzeit: 3 Std.

Der Baßtölpel gehört zu den Besonderheiten von Runde.

Natur beobachten

SCHUTZGEBIET

Die Insel Runde ist die bedeutendste Vogelinsel Norwegens südlich des Polarkreises. Das 6,4 Quadratkilometer große Runde liegt von allen Inseln des Herøy-Gebiets am weitesten im Atlantik. Dies ist auch der Grund, weshalb so viele Seevögel die Felsen der Insel als Brutgebiet nutzen. Jedes Jahr brüten über 170 000 Seevogelpaare auf der dem Meer zugewandten Steilküste, die am Rundebranden 294 Meter tief fast senkrecht ins Meer abfällt. Seit 1957 stehen die Felsen als Naturreservat unter Schutz. Damit verbunden sind Verbote, an die sich die Besucher mit Rücksicht auf die Vogelwelt halten sollten. 1981 wurden die Schutzbestimmungen erweitert und schließen seitdem auch die Pflanzenwelt und die Gesteine der Insel ein. Zum Vogelschutzgebiet gehören die West- und Nordseite der Insel, das Gebiet Klyofjellet-Hellestien und die Insel Grasøyane. Alle Schutzgebiete sind mit Hinweistafeln und Farbpunkten gekennzeichnet.

VÖGEL

Vogelfelsen gehören sicherlich zu den beeindruckendsten Naturerlebnissen. Zerklüftete Steilküsten in Meeresnähe werden von unzähligen Vogelpaaren aufgesucht, die dort ihre Eier ablegen und den Nachwuchs aufziehen. Solche Kolonien können nur an Orten entstehen, die ausreichenden Schutz vor Feinden und ein entsprechendes Futterangebot bieten. Die Insel Runde erfüllt diese Voraussetzungen und wird daher von Zigtausenden von Seevögeln besucht. Für den Laien wirkt das Treiben an den Brutplätzen wie ein willkürliches Durcheinander. Doch in Wirklichkeit herrscht strenge Ordnung: Die verschiedenen Arten brüten nämlich in unterschiedlichen »Fels-Etagen«. Die Felsen, die unmittelbar aus dem Meer ragen, nehmen Kormorane und die kleineren Krähenscharben für sich in Anspruch. Die untersten Absätze der Steilküsten gehören den Gryllteisten, die mit den Lummen und Alken verwandt sind. In der nächsten »Etage« brüten die Tordalke, nahe Verwandte der Lummen. Und in den darüber aufragenden Steilwänden nisten die Baßtölpel, die entlang der ganzen norwegischen Küste nur hier auf Runde brüten. Sie gehören zu den größten Seevögeln der Nordhemisphäre. Die schwarz-weißen Vögel mit dem hellgelben Kopf und Hals haben eine Flügelspannweite von bis zu 180 Zentimetern. Elegant gleiten sie durch die Luft und stürzen sich zur Nahrungssuche senkrecht ins Wasser. Dickschnabel- und Trottellummen halten sich in den steilsten Wänden der Vogelfelsen auf und brüten auf schmalen Felsvorsprüngen. Ihre Eier sind an diesen gefährlichen Brutplatz angepaßt: Sie sind konisch geformt, so daß sie nicht herabrollen können. Die Dreizehenmöwen legen ihre Nester ebenfalls auf Felsvorsprüngen an.

Hoch über dem Meer in den obersten Bereichen brüten die Papageitaucher. Die an Land etwas plump wirkenden schwarz-weißen Vögel sind durch das typische »Clownsgesicht« mit dem orange-gelben Schnabel unverkennbar. Sie nisten teils in Höhlen, die sie in den grasigen Boden graben, teils nützen sie vorhandene Nischen in der Felsküste. Ihre Flugkünste samt Landung wirken etwas unbeholfen – kein Wunder, denn ihre Spezialität ist das Tauchen: Unter Wasser jagen sie nach kleinen Fischen, den Sandaalen. Anders als bei den übrigen Brutkollegen auf dem Felsen herrscht in den Kolonien der Papageitaucher andächtige Stille: Die Vögel geben während der Brut nur dumpfe Laute von sich und sind sonst stumm. In den obersten Abschnitten siedeln auch die Eissturmvögel. Sie ähneln Möwen, gehören aber zur Familie der Röhrennasenvögel. An weiteren Seevögeln können wir rund um die Vogelfelsen Heringsmöwen, Sturmschwalben und Schmarotzerraubmöwen (Skua) beobachten. Diese halten auf erhöhten Steinen innerhalb der Grashänge Ausschau nach Beute. Zur Brutzeit versuchen sie vehement, jeden Eindringling zu vertreiben, auch Menschen. Sie greifen unvermittelt an und fliegen mit ihren gut zweieinhalb Meter breiten Schwingen wie ein Torpedo auf die Köpfe der Störenfriede zu. Ein Regenschirm oder der Fotoapparat samt Teleobjektiv dienen dann als willkommener Schutz. Entlang den flacheren Küsten, vor allem vor Runde Hamn, halten sich Brandgans (Brandente) und Eiderenten auf.

Die Vogelfelsen der Insel können wir auch vom Meer aus beobachten. Dreimal täglich werden dazu sowohl von Runde-Hamn als auch vom Goksøyr-Camping Bootstouren angeboten, bei denen wir die Insel umrunden und die Steilküsten aus nächster Nähe einsehen können.

Die Schmarotzerraubmöwe oder Skua.

Küstenseeschwalben zeichnen sich im Prachtkleid durch einen roten Schnabel aus.

Nisten in den großen Felsenhöhlen: Dreizehenmöwen.

Zu Besuch bei den Seevögeln an der Atlantikküste

Die Wanderung beginnt in Goksøyr beim öffentlichen Parkplatz und führt auf der kleinen Fahrstraße am Campingplatz Goksøyr vorbei. Im Kiosk erhält man einen Informationsfolder mit einem Plan der Insel samt den Wanderrouten. Etwa 200 Meter nach dem Campingplatz zweigt links ein mit dem Wegweiser »Fugelfjellet« gekennzeichneter Weg ab. Dieser führt aus dem Ort aufwärts und wird unmittelbar nach dem ersten Weidegatter recht steil. Wir durchqueren noch weitere Gatter und müssen darauf achten, diese immer zu schließen.

Bald sind wir hoch über Goksøyr und steigen auf dem kahlen Rücken zur nordöstlichen Kante an. Vorbei an der Einmündung des Rückweges folgen wir dem geradeaus verlaufenden, violett markierten Weg. Nach etwas mehr als einer Stunde erreichen wir den ersten Aussichtspunkt am Kaldekloven, einer Rinne, die direkt zum Meer führt.

Wir stehen gut 200 Meter über der See und genießen einen atemberaubenden Ausblick. Zur Brutzeit sitzen viele tausend Vögel in den steilen Klippen und Hangabbrüchen. Im Bereich des Kaldekloven sind es **Dreizehenmöwen** und vor allem die **Papageitaucher**, die durch ihren orangefarbenen Schnabel auffallen.

Wir wandern nun am Ostrand des Kaldekloven steil bergan und erreichen nach 30 Minuten den höchsten Punkt der Küstenklippen, den 294 Meter hohen Rundabranden. Diese Klippe fällt nach drei Seiten fast senkrecht ins Meer ab. An den steilen, unzugänglichen Felsen nisten **Baßtölpel** und **Trottellummen**.

Dann beginnt der Abstieg über Wiesen- und Moorflächen, bis wir zur Senke oberhalb der Klippe von Terneset gelangen. Hier können wir schwarz-weiße **Tordalke** mit ihren feinen weißen Streifen am schwarzen Schnabel beobachten. Entlang dem Weg erkennen wir den Landvorsprung von Klavnes mit dem Leuchtturm und ein paar weißen Häuschen. An diesen Hängen sind vor allem **Eissturmvögel**, **Silbermöwen** und **Krähenscharben** zu sehen. Ein schmaler und sehr steiler Pfad führt zum Leuchtturm hinab und eröffnet auch die Möglichkeit, die Hauptattraktion dieses Landvorsprunges zu sehen: Krykkjehola – eine große Felsenhöhle, in der **Dreizehenmöwen** und **Trottellummen** brüten.

Von der Senke an führt der Weg abwärts in Richtung des Aufstieges von Goksøyr, und die Anzahl der Vögel nimmt stark ab.

Wir wandern um den Hügel Storehaugen herum und erreichen nach 20 Minuten die Einmündung zum Rückweg nach Goksøyr. Über den steilen Aufstiegsweg kehren wir zum Ausgangspunkt am Parkplatz zurück.

Zum Schluß noch eine Anmerkung: Bedenken Sie bei Ihrer Wanderung, daß Sie sich in einer für die Natur äußerst wertvollen Region bewegen. Bleiben Sie stets auf den Wegen, und klettern Sie keinesfalls zu den Vogelfelsen hinunter. Beachten Sie die Hinweisschilder, die am Beginn des Naturschutzgebietes angebracht sind!

Die Gryllteiste brüten auf den untersten Felsetagen.

Typisch mit schlankem Schnabel: Gänsesäger-Männchen.

Größte Meeresente: die Eiderente, hier ein Männchen.

Auf einen Blick

Empfohlene Jahreszeit:
Mitte Juni bis Mitte/Ende Juli.

Öffentliche Verkehrsmittel:
Keine.

Anfahrt mit dem Auto:
Von Ålesund mit der Fähre Sulesund – Hareid auf die Insel Hareid, auf der Straße 61 bis zur Abzweigung nach Forsnavåg, kurz davor geht die Straße 654 ab, Runde ist ausgeschildert.

Empfohlene Gebietskarte:
Informationsfolder Runde samt Lageplan und Wanderwegen im Kiosk Camping Goksøyr erhältlich.

Ausrüstungstips:
Gummistiefel, Regen- und Windschutz, Fernglas empfehlenswert.

Einkehrmöglichkeiten:
Direkt am Weg keine. Runde Kafé in Runde Hamn, Kiosk am Campingplatz Goksøyr.

Unterkunft:
Camping Goksøyr, Camping Runde; Campingplätze zur Hauptreisezeit sehr voll, Hütten nur auf Vorbestellung; weitere Hotels in Hareid und Ulsteinvik. Camping Runde, N-6096 Runde, Tel. 70 08 56 16, Fax 70 08 59 70.

Hinweis:
Bootstouren von Runde-Hamn, Tel. 70 08 59 05, Fax 70 08 59 50 und vom Campingplatz Goksøyr aus dreimal täglich. Die Abfahrtszeiten erfährt man am Kiosk des Camping-Platzes.

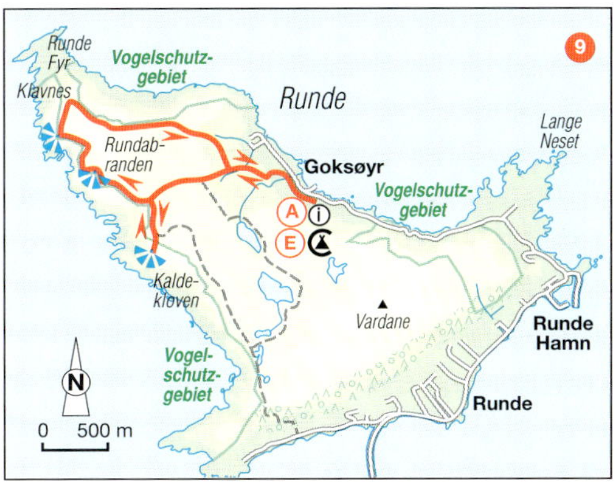

Einer der beeindruckendsten Abschnitte der Stormdalsåga liegt knapp vor dem Bredekfossen, im Hintergrund erkennt man die Hängebrücke, die auf das nördliche Flußufer führt.

Nationalpark Saltfjell-Svartisen

Wanderung am Polarkreis

Der wildreiche und hochalpine Saltfjell-Svartisen-Nationalpark nördlich von Mo i Rana ist Ziel einer Tour, die zu den tief eingeschnittenen Tälern am Südostrand des Parks führt. Wir wandern ins wilde Stormdalen, das von der Stormdalsåga durchflossen wird. Auf unserem Weg passieren wir zahlreiche Aussichtspunkte, von denen aus wir auf das Dunderlandsdalen oder auf den gewaltigen Wasserfall Bredekfossen schauen, um nur zwei Beispiele zu nennen. Wir wandern ein Stück durch das Tespadalen und lernen auch die Bergeinsamkeit und Lebensbedingungen der früheren Bewohner auf den längst aufgelassenen Höfen von Granneset und Bredek kennen. Wenn diese Wanderung auch nur den äußeren Teil des Nationalparks berührt, begegnen wir hier doch der typischen Natur des Saltfjell. Krönender Abschluß ist der Besuch einer Grotte.

INFO

Ausgangsort/Zielort:
Dunderlandsdalen, Parkplatz an der E 6 gegenüber Stormdalsheia.

Tourencharakter:
Gut begehbarer Bergsteig, die Bäche und Flüsse werden von modernen Hängebrücken gequert; Abstiege in die Flußtäler jedoch steil und bei Nässe rutschig. Wegweiser und rote T-Markierungen.

Gesamtlänge: 10 km

Gehzeit: 4–4,5 Std.

Trollblumen auf den Wiesen bei Stormdalsheia.

Natur beobachten

GEOLOGIE

Ein Teil des Ostisen-Gletschers im Kerngebiet des Svartisen-Nationalparks ist heute mittels Bootsfahrt über den Svartisvatnet und einer etwa einstündigen Wanderung sehr leicht zu erreichen. Die Besonderheit der Gletscherzunge des Østerdalsbreen ist die Geschichte seiner Veränderung in diesem Jahrhundert: Noch um 1910 reichte die Gletscherzunge bis in den Svartisvatnet, also über jene Felsstufe, die man heute vom See aufwärts entlang wandert. Zwischen 1905 und 1970 schmolz der Gletscher stark ab. Noch 1980 bedeckte er den gesamten Østerdalsvatnet, der heute vor der Gletscherzunge eine Felswanne füllt. Durch das Aufbrechen des Eises hat

Der Natur-aktiv-Tip

Im Saltfjell-Svartisen-Gebiet gibt es viele Höhlen. Gleich nach Mo i Rana zweigt eine Nebenstraße westwärts ins Tal des Svartisvatnet ab. Nach etwa neun Kilometern folgen wir einer Schotterstraße, die auf eine Anhöhe und zum Eingang der beiden bekanntesten Grotten – Grønlia und Seter – führt. Die höher gelegene Grønlia-Grotte kann von Mitte Juni bis Ende August stündlich von 10 bis 18 Uhr besucht werden. Die Führung durch die mit Glühbirnen beleuchteten Gänge dauert 30 Minuten. Man steigt durch die von einem Fluß ausgewaschenen Gänge und durchwatet den unterirdischen Bachlauf. Die abenteuerliche Besichtigung ist nur mit Stiefeln durchzuführen, die man bei Bedarf auch ausleihen kann. Die Höhle wurde 1914 zum ersten Mal erforscht und ist beinahe 2000 Meter lang. Das Gestein ist zwischen 400 und 500 Millionen Jahre alt. Hoher Druck hat das ursprünglich vorhandene Kalkgestein zu Marmor und die darüberliegenden Schichten zu Glimmerschiefer umgeformt. Dieser bildet heute das Dach der Höhle, während der weichere Marmor durch unterirdische Flüsse ausgewaschen wurde.

Die Grønlia-Grotte entstand, als mineralhaltigesWasser in die Risse und Spalten im Marmor eindrang und begann, das Gestein aufzulösen. Nach und nach erweiterten sich so die Spalten und gaben dem Bach Raum, der heute noch durch die Höhle fließt. Durch das schluchtartige Tal können wir bei der Führung 400 Meter des unterirdischen Ganges besichtigen. 85 Meter hinter dem Eingang sprudelt das Wasser von rechts aus der Felswand und bildet einen kleinen Wasserfall. Wir folgen dem Bachlauf am Rand, gesichert durch Seile und Leitern, und kommen an Gesteinsmühlen (Strudeltöpfen) vorbei. Nach einer Felsstufe treten wir in die »Große Kirche« und später ins »Labyrinth« ein. Den Abschluß bildet die »Kapelle«, ein Gang, der von einem großen Granitblock verschlossen ist. Da das nächste Granitvorkommen einige Kilometer entfernt ist, vermutet man, daß dieser Brocken während der Eiszeit vom Gletscher hierher transportiert und in die Höhle gepreßt wurde. Durch den tiefer liegenden Ausgang verlassen wir die Grønlia-Grotte. Die Besichtigung der benachbarten Seter-Grotte ist anstrengender und nur zweimal am Tag (11.30 und 15 Uhr) möglich.

er sich in den vergangenen 90 Jahren um fast einen Kilometer zurückgezogen. Das sogenannte Kalben (Abbrechen des Eises) kann jederzeit stattfinden und Flutwellen von bis zu fünf Metern Höhe erzeugen. Deshalb muß beim Besuch des Gletschers in der unmittelbaren Umgebung ein gebührender Abstand eingehalten werden – mehrere Tafeln weisen darauf hin.

PFLANZEN

Trotz der Nähe zum Polarkreis erwartet uns in den Tälern des östlichen Saltfjell-Svartisen-Nationalparks eine reiche, urwaldähnliche Vegetation. Die vielen kleinen Rinnsale und Bäche, welche die zum Teil steilen Hänge durchziehen, sorgen für ausreichende Feuchtigkeit. Oft kann im Juni noch Schnee liegen, kalte Winter dauern sogar bis in den Juli hinein und schaffen einen Wechsel aus Firnfeldern und blühenden Wiesen. Dies ist die Zeit, in der das zarte Grün der keimenden Hängebirken *(Betula pendula)* besonders attraktiv zur Geltung kommt. Im Unterwuchs der krüppelförmigen Birken gedeihen bunte Hochstaudenfluren aus Waldstorchschnabel *(Geranium sylvaticum)* und Trollblumen *(Trollius europaeus)*. Und selten sind Steilhänge so dicht mit Farnen bewachsen wie hier. An den Bächen leuchtet am Anfang des Sommers das Gelb der Zweiblütigen Veilchen *(Viola biflora)*, während im Unterwuchs der mit Zwergstrauchheiden bestandenen Birkenwälder der Schwedische Hartriegel *(Cornus suecica)* vorherrscht. Auf den schütter bewachsenen Hängen nahe der Stormdalsåga erreicht die Vierkantige Cassiope *(Cassiope tetragona)* ihr südlichstes Vorkommen.

In den Gängen der Grønlia-Grotte, die mehrmals täglich besichtigt werden kann.

Zwischen wildreichen Tälern und Gletscherzungen

Bei dieser Tour werden wir unter anderem das Stormdalen besuchen, das von der wilden Stormdalsåga durchflossen wird. Am Rückweg bekommen wir einen Eindruck vom mächtigen Tespadalen und wandern zur Mündung der beiden Flüsse Stormdalsåga und Tespa. Durch das Tespadalen zieht der Wanderweg, der über das Tespfjellet in das schönste Tal des Nationalparks, das Bjollådalen, verläuft. Es reicht über den Polarkreis bis an den Nordrand des Parks und zeigt am eindrucksvollsten die vielfältige Landschaft des Saltfjell. Die Seen Sondre und Nordre Bjollåvatn im nördlichen Talabschnitt sind für ihren Reichtum an Enten- und Watvögeln bekannt, auch das zierliche **Odinshühnchen** kommt hier vor. Am Ende des Tales schließt das Naturreservat Gasvatnan mit dem Kvitbergvatnet an. Dieses etwa 40 Kilometer lange Tal kann ebenfalls von Storvollen aus in einer drei- bis viertägigen Wanderung durchquert werden, die im Saltdalen am Nordrand des Saltfjell endet. Unsere Tour beginnt etwa einen Kilometer südlich von Storvollen am kleinen Parkplatz an der Hängebrücke über die Rana elva und führt zuerst zu den Wiesenflächen des ehemaligen Gehöftes Stormdalsheia. Gleich nach der Brücke informiert ein Schild über den Nationalpark, und wir treten in den charakteristischen **Birkenwald** ein. Leicht aufwärts queren wir die über und über mit **Trollblumen** *(Trollius europaeus)* bestandenen Wiesen von Stormdalsheia und beginnen anschließend den durch einen Wegweiser gekennzeichneten steilen Aufstieg am Nordosthang des Ørtfjells. Nach 30 Minuten erreichen wir einen Steilabbruch, der uns den eindrucksvollen

Blick auf das äußere Stormdalen am Weg nach Grannes

Berg-Hahnenfuß bei Bredek.

Frisch entrollte Blätter des Strauß-Farns.

Blüht leuchtend rot: der Waldstorchschnabel.

m Park: südlichster Standort der Vierkantigen Cassiope.

Blick auf eine Mäanderschleife der Stormdalsåga eröffnet, die nun bereits 130 Meter unter uns im engen Tal fließt. Nach Norden sehen wir ins Dunderlandsdalen und auf die Anhöhen des Raudafjellet, zwischen Tespadalen und Bjøllådalen ragt das Storlifjellet auf.

Der Weg wird allmählich flacher, und wir gelangen zu einer Abzweigung, an der wir uns in Richtung Granneset wenden. Leicht abwärts durch den lichten, farnreichen Birkenwald erreichen wir nach einer Stunde das Gehöft von Granneset, das mit seinen sanften Waldweiden auf einem Hochplateau über dem Stormdalen liegt. »Gran« bedeutet Fichte und weist auf die umgebenden **Fichtenwälder** hin, die das nördlichste natürliche Vorkommen eines Fichtenbestandes in Norwegen bilden. Der Hof war zwischen 1857 und 1926 bewohnt und bewirtschaftet. Zwei der ehemals fünf Gebäude sind noch erhalten und stehen heute unentgeltlich als Übernachtungsmöglichkeit zur Verfügung.

Wir gehen denselben Pfad ein wenig zurück und biegen nach einem kleinen Anstieg beim Schild, das zum Wasserfall Bredekfossen deutet, rechts ab. Nach 100 Metern kommen wir an den steil abfallenden Rand des Plateaus und sehen unvermittelt vor uns den mächtigen Bredekfossen, der weiß schäumend zu Tal stürzt. Gegenüber liegt das Gehöft Bredek, das wir im Laufe der Wanderung noch aufsuchen werden.

Zurück auf dem Hauptweg zweigen wir sogleich beim Wegweiser »Stormdalen« ab und folgen dem am Hang verlaufenden Steig taleinwärts. Wir queren Hangmoore und lichte Birkenwälder und nähern uns immer mehr der Stormdalsåga. Wir passieren eine Abzweigung, die nach rechts geht und mit dem Wegweiser »Bredek« gekennzeichnet ist. Wer das Stormdalen weiter erkunden will, folgt dem Talsteig und kann

Die Gletscherzunge des Ostisen-Gletschers.

an beliebiger Stelle umkehren. Im Tal gibt es keine weitere Abzweigung mehr, der Weg endet nach etwa eineinhalb bis eindreiviertel Stunden am verlassenen, restaurierten Hof von Stormdalen.

Um nach Bredek zu gelangen, folgen wir dem rechts abbiegenden Steig und benützen die Hängebrücke, die knapp oberhalb des Bredekfossen die Stormdalsåga überspannt. Dieser Abschnitt ist einer der landschaftlichen Höhepunkte der Wanderung. Der Fluß beschreibt ein doppeltes S, und vom Ufer blicken wir tief ins Stormdalen. Hinter uns bricht das Gelände senkrecht ins Tal ab und gibt den Blick auf den unmittelbar unter uns hinabstürzenden Bredekfossen frei. Wir stehen etwa 120 Meter über dem Talboden, gegenüber liegen Bredek und der Eingang ins Tespadalen.

Nach der Hängebrücke können wir noch die Spuren der Bodenbewirtschaftung erkennen, die aus dem Jahr 1830 stammen, als erstmals die Wälder gerodet wurden. Wir folgen alten Wiesen- und Waldwegen, die deutlich mit Steinen befestigt sind. Mit **Farnen**, **Feuchthochstauden** und **Schachtelhalmen** bewachsene kleine Seitenbäche queren den Weg, und nach etwa zweieinviertel Stunden erreichen wir die Wiesenflächen von Bredek. Dieser Hof wurde bis 1965 bewirtschaftet. Die Wiesen sind, seit die Nutzung aufgegeben wurde, reichlich mit Blumen und Kräutern bewachsen. Wir finden vor allem **Trollblumen** *(Trollius europaeus)*, **Wiesen-Margeriten** *(Leucanthemum vulgare)*, **Langblättrigen Ehrenpreis** *(Veronica longifolia)*, **Gemeinen Wundklee** *(Anthyllis vulneraria)* – alles Pflanzen, die magere Böden bevorzugen.

Wir queren das Hofgelände und beginnen anschließend am alten Wirtschaftsweg, der den Hof mit der »Außenwelt des Dunderlandsdalen« verband, den Abstieg ins Tal. Vorbei an einer Blockhütte, wo ein Wegweiser nach Innerbredek zeigt, und durch übermäßig reich mit Farnen bewachsene Hänge steigen wir am steil abfallenden Weg zur Mündung des Tespa mit der Stormdalsåga ab und queren mit **Alpen-Milchlattich** *(Cicerbita alpina)* und **Storchschnabel** *(Geranium sylvaticum)* bewachsene Hänge. An den beiden wilden, reißenden Flüssen angekommen, erreichen wir über eine moderne Hängebrücke das Nordufer des Tespadalen. Ein steiler Gegenanstieg führt uns vorbei an kleinen Wasserfällen, **Alpen-Milchlattich** und sich an die Felsen klammernden Polstern der **Rosenwurz** *(Sedum rosea)* und schließlich auf die Anhöhe des äußeren Tespadalen, das auch als Beobachtungsort für **Steinadler** bekannt ist.

Sobald der Weg flacher wird, führt er nach links und erreicht nach wenigen hundert Metern den Hauptweg ins Tespadalen. Diesem folgen wir in südlicher Richtung abwärts, queren einen Bachlauf und kommen nach insgesamt vier Stunden zur Siedlung Bjøllånes ins Dunderlandsdalen. Wir wandern auf der Zufahrtsstraße weiter, queren die Ranaelva auf einer modernen Straßenbrücke und biegen unmittelbar danach auf eine Schotterstraße ein. Vorbei an zwei Gehöften treffen wir nach wenigen hundert Metern auf die E 6, der wir weitere 400 Meter bis zum Ausgangspunkt, dem Parkplatz an der Hängebrücke, folgen.

Im äußeren Stormdalen passiert der Wanderweg den Zusammenfluß von Tespa und Stormdalsåga.

Auf einen Blick

Empfohlene Jahreszeit:
Ende Juni bis Mitte September.

Öffentliche Verkehrsmittel:
Keine Busverbindung auf diesem Abschnitt der E 6; die Bahn fährt zwar durch das Dunderlandsdalen, hat aber im Bereich Storvollen keine Station.

Anfahrt mit dem Auto:
Über die E 6, 45 km nördlich von Mo i Rana, etwa 1 km vor dem Rastplatz bei Storvollen; es empfiehlt sich, den Rastplatz anzusteuern, dort umzudrehen und 1 km Richtung Süden zu fahren, da der Parkplatz Stormdalsheia an der westlichen Fahrbahnseite liegt.

Empfohlene Gebietskarte:
Staatskarte M 1:50 000, Blatt 2028 II, Bjøllådalen.

Ausrüstungstips:
Rucksack, Bergschuhe, Regenjacke, Proviant, Wasserflasche.

Einkehrmöglichkeiten:
Keine.

Auskunft:
Informationstafel an der Hängebrücke bei Stormdalsheia; Touristenbüro in Mo i Rana, Tel. 75 15 04 21, Fax 75 15 04 23.

Unterkunft:
Kostenlose Übernachtung im ehemaligen Bergbauernhof Granneset (wenn Plätze frei sind).

Sonstiges:
Ausstellung und Tonbildschau im Polarkreiscenter an der E 6 am Saltfjell unmittelbar am Polarkreis.

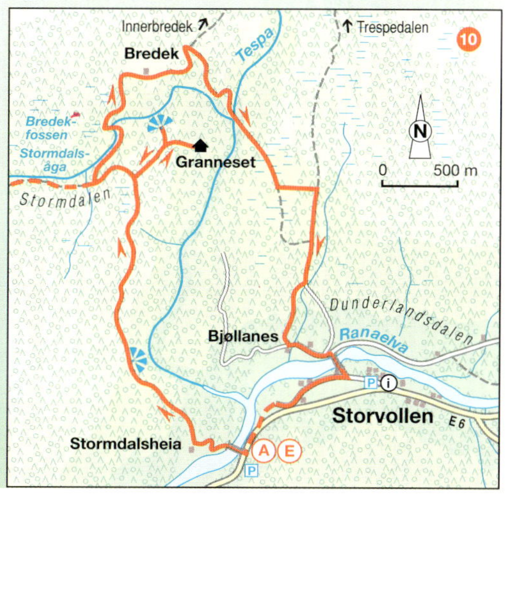

Im äußeren Storskogdalen fließt die Laksåga gemächlich dahin; Wanderer können durch das türkisblaue Wasser bis zum kiesigen Grund blicken.

Im äußeren Rago-Nationalpark

Entlang der Laksåga zum einsamen See Storskogvatnet

Der Rago-Nationalpark liegt in einem einsamen Berggebiet nördlich von Fauske und stimmt gleichsam als Ouvertüre auf die riesigen Wildnisgebiete der beiden schwedischen Nationalparks Sarek und Padjelanta ein, die sich im Osten unmittelbar an der norwegisch-schwedischen Grenze anschließen. Der Park umfaßt ein Berggebiet von unvergleichlicher Faszination, das sich mit keiner anderen Region in Norwegen vergleichen läßt. Den größten Teil prägen baumlose Hochfjells und nackte Felskuppen. Im äußeren Parkgebiet öffnet sich im Tal des türkisfarbenen Flusses Laksåga eine gewaltige Senke, die mit Fjellbirkenwäldern und üppiger Vegetation aus Hochstauden und Straußfarnen bewachsen ist. Ziel dieser Wanderung ist der einsame See Storskogvatnet im Kerngebiet des Nationalparks.

INFO

Ausgangsort/Zielort:
Lakshola im Ragodalen.

Tourencharakter:
Anspruchsvoller Bergpfad mit Steilstufen, rutschigen Felspartien und Moorquerungen. Rote Punkte und rotes T, Wegweiser bei der Abzweigung des Wegs zum Litlværivatnet.

Gesamtlänge: 20 km

Gehzeit: 6 Std. bis zur Hütte (hin und zurück), 8 Std. bis zum Gamme (hin und zurück), Zweitagestour bis zur Rago-Hytta oder zur Nationalparkgrenze.

Die zierliche und seltene Lappland-Alpenrose.

Die nordische Steinbrechart *Saxifraga caespitosa.*

Natur beobachten

LANDSCHAFT

Während der Eiszeit lag das gesamte Gebiet des Nationalparks unter einer bis zu 2000 Meter dicken Eisschicht. Diese Last hat die Landschaft von Rago nachhaltig geformt, nicht nur durch den Druck, der von den Eismassen ausging, sondern auch durch die abschmelzenden Wassermassen am Ende der Eiszeit. Riesige Schmelzwasserströme schossen zu Tal und haben Rinnen hinterlassen. Die durch die Gletscher entstandenen Mulden und Täler verlaufen alle in Ost-West-Richtung und zeigen somit die Fließrichtung der Eisströme an. Das Tal der Laksåga ist im Bereich zwischen Trollfossen und der Steilstufe am Übergang nach Lakshola mit Moränenkies gefüllt, den die Schmelzwasserströme mitführten. Deshalb konnte der Fluß eindrucksvolle Mäanderstrecken ausbilden, an denen dieser Kies am Grund des türkisblauen Wassers – wie im ersten Abschnitt der Wanderung bis zur Hängebrücke – deutlich zu sehen ist. An die Gletscher erinnern auch noch die zahllosen Gesteinsbrocken, sogenannte Findlinge, die auf den Hochfjells verstreut liegen.

SÄUGETIERE

Auch die Tierwelt des Parks ist eher artenarm. Von den klassischen »Großen vier des Nordens« kommt nur noch der Vielfraß in stattlicher Anzahl vor, Bär und Wolf wurden um 1945 ausgerottet. Auch Elche sind in den Mooren und am Ufer des Flusses zu sehen, obwohl sie noch nicht lange hier heimisch sind. Ein besonderer Tip sind die Moore bei Holene. 1968 setzte man im Storskogsdalen Biber aus, die sich mittlerweile zu einem festen Bestand entwickeln konnten. An den Flüssen tummeln sich auch Fischotter.

VÖGEL

Interessant für Vogelliebhaber ist das östlich des Storkogsvatnet beginnende Trolldalen mit der Trolldalselva. Dieses schuttgefüllte U-Tal stellt auch einen der eindrucksvollsten Abschnitte von Rago dar und ist am einfachsten mit dem Ruderboot von der Storskogvasshytta zu erreichen. Dort trifft man auf Kleinvogelarten wie

Wacholder- und Rotdrossel, Fitis und Bergfink. Dieser fällt in den Fjellbirkenwäldern durch seinen monotonen Gesang auf. Am Wanderweg entdeckt man häufig Blaukehlchen, die sich in den niederen Weidengebüschen aufhalten. Am Ufer des Storskogelva brütet der Flußuferläufer.

PFLANZEN

Die Pflanzenwelt des Nationalparks ist infolge des nur schwer verwitternden Ausgangsgesteins nicht sehr artenreich. Neben den mageren Kiefernwäldern im äußeren Tal der Laksåga fallen im ersten Abschnitt der Wanderung die nordischen Birkenwälder auf, die mit dem farn- und hochstaudenreichen Unterwuchs zu den üppigsten Formationen des Parks gehören. Die beeindruckenden Wedel der Strauß-Farne *(Matteuccia struthiopteris)*, die sich Anfang Juli zu ihrer vollen Größe entfalten, verwandeln diese lichten Wälder in einen Urwald. Abertausende Farne nehmen den gesamten Unterwuchs ein und lassen Waldstorchschnabel *(Geranium sylvaticum)*, Trollblume *(Trollius europaeus)* oder Nordischem Eisenhut *(Aconitum septentrionale)* nur wenig Raum. Diese Wälder begleiten den Oberlauf der Laksåga und reichen bis zur Steilstufe von Nordskaret. Im Juli blühen noch Buschwindröschen *(Anemone nemorosa)*, daneben Schwedischer Hartriegel *(Cornus suecica)* und der Siebenstern *(Trientalis europaea)*, eine Pflanze, die auf das Vorkommen von Fichten innerhalb des Tales hinweist. Auffällig ist das häufige Vorkommen des Zweiblütigen Veilchens *(Viola biflora)* am Rande der Birkenwälder. Es ist normalerweise in milderen Abschnitten der Gebirge an feuchten Schutthängen zu finden. Weil das Klima auf den Hochebenen von Rago außergewöhnlich rauh ist, kommen sie hier nur sehr tief im Tal, nämlich zwischen 100 und 150 Metern Höhe, vor.

Einen bunten Blütenflor tragen entlang dem Weg auch die Moore. Diese konnten sich in den flachen Felswannen bilden, die uns auf den terrassenförmigen Kanten hoch über dem Tal der Storskogelva begegnen. Dort wachsen Rosmarinheide *(Andromenda polifolia)*, Moltebeere *(Rubus chamaemorus)*, Schnabelsegge *(Carex rostrata)* und die Wenigblütige Segge *(Carex pauciflora)*.

Nach der Storskogvasshytta erreichen wir bald die Waldgrenze, die etwa bei 400 Metern Höhe liegt. Jetzt prägen die charakteristischen Fjellpflanzen wie Alpenazalee *(Loiseleuria procumbens)*, Stengelloses Leimkraut *(Silene acaulis)*, Gegenblättriger Steinbrech *(Saxifraga oppositifolia)*, Alpenhelm *(Bartsia alpina)* und Krähenbeere *(Empetrum nigrum)* das Bild. In geschützten Mulden rund um die Anhöhe von Gamme halten sich noch Spießweiden *(Salix hastata)* und krüppelwüchsige Hängebirken *(Betula pendula)*, ehe auf den ausgesetzten Felsen nur noch Polsterpflanzen und Zwergsträucher gedeihen können.

Der Fischotter fühlt sich an den abgeschiedenen Flußabschnitten im Storskogdalen wohl.

Durch nordischen Urwald auf das baumlose Hochfjell

Am Talende des Nordfjords, der etwa bis zwei Kilometer vor die gleichnamige Siedlung reicht, befindet sich bei den Höfen von Lakshola ein kleiner Parkplatz, der mit einem Informationsschild und einer Picknickbank ausgestattet ist. Hier beginnt unsere Wanderung in das wildreiche Berggebiet, die uns bis zur einsamen Storskogvasshytta bringt und, je nach Laune und Kondition, weiter zu den unbewaldeten Hochebenen des Rago-Massivs.

Wir starten am Parkplatz in Lakshola und folgen einer steilen Rampe, die in den Birkenwald hinaufführt. Die ersten paar hundert Meter des Weges sind sehr steil, doch die reizvollen Blicke hinüber ins Sleipdalen lenken von den Anstrengungen ab. Bald haben wir den Anstieg hinter uns und wandern mit leichtem Auf und Ab taleinwärts. Wir queren farnbestandene Birkenwälder, in denen **Trollblumen** *(Trollius europaeus)*, **Eisenhut** *(Aconitus septentrionale)* und **Waldstorchschnabel** *(Geranium sylvaticum)* blühen. Die meterhohen Wedel der **Strauß-Farne** *(Matteuccia struthiopteris)* bedecken beinahe den gesamten Waldboden und verwandeln ab Anfang Juli den Wald in einen unberührten nordischen Dschungel. Nach einer halben Stunde erreicht der Weg die Laksåga, die im oberen Talabschnitt als breiter Fluß gemächlich dahinzieht. Durch die lichten Birken schimmert das türkisblaue, kristallklare Wasser. Wir folgen dem Südufer des Flusses und queren Blockhalden und Felssturzgebiete. Moosüberwachsene Felsen machen das Vorwärtskommen schwer. Die Felsen unterstreichen jedoch zusammen mit dem äußerst beeindruckenden Flußlauf

Der Gegenblättrige Steinbrech.

Im Juli blüht die Alpen-Pechnelke.

Die typische Landschaft vor der Storskogvasshytta.

den urtümlichen Charakter dieser Landschaft. Über die Felsstufe des Fjellryggen stürzt ein Wasserfall herab, dessen Abfluß wir im Laufe des Weges knapp vor der Hängebrücke passieren. Nach gut 45 Minuten haben wir diese erreicht und wechseln auf das gegenüberliegende Ufer.

Durch hochstaudenreichen Birkenwald wandern wir in Richtung Nordskaret. Noch im Juli blühen die **Buschwindröschen** *(Anemone nemorosa)* neben den dichten Blütenständen des **Schwedischen Hartriegels** *(Cornus suecica)*. Der Blick fällt auf den Fluß mit seinen Mäandern und Inselchen. Nun wendet der abwechslungsreiche Weg nach links in nordöstliche Richtung. Wiederum müssen wir an großen Felsblöcken vorbei, ehe wir nach etwas mehr als einer Stunde Gehzeit den Wasserfall am Nordskaret erreichen. Am westlichen Rand dieser Steilstufe steigen wir über Felsplatten steil bergan und erreichen nach 15 Minuten das Nordskaret. Eine kleine Holzbank lädt zur Rast und zum Genießen des unglaublichen Panoramas. Der kleine Fluß stürzt in schäumenden Kaskaden zu Tal, auf den seitlichen Felsplatten können sich nur mehr Kiefern festkrallen. Tief unten im Tal fließt träge die türkisblaue Laksåga und wirkt beinahe wie ein See. Am Innenbogen des Mäanders wachsen tiefgrüne Fichten. Gegenüber reicht der Blick bis zum Tverrfjellet und zu den Wasserfällen unterhalb des Fjellryggen.

Wir setzen den Weg durch das Nordskaret fort und folgen eine Weile dem gurgelnden Bach, der vorerst Moore durchfließt und später unter Granitgeröll verschwindet. Nun steigt unser Weg am Kar entlang an, und nach eineinhalb bis eindreiviertel Stunden passieren wir die Tafel am Eingang des Nationalparks. Nach einigen felsigen Steilstufen erreichen wir auf 220 Meter Höhe den höchsten Punkt des Wegs und

Der Nordische Eisenhut.

Die Lappenkate auf der Gamme.

wandern am Hang hoch über dem Storskogdalen taleinwärts. Nachdem wir mehrere Moorflächen und Felsplatten, die mit vereinzelten Kiefern bestanden sind, überquert haben, steigen wir bei Holene in eine Senke ab. Dabei sehen wir hinten im Tal auf den Storfossen, einen der Wasserfälle der Laksåga. Wir überqueren die Flachmoore in der Senke auf einer kleinen Brücke und steigen sofort wieder hangaufwärts. Nun beginnt der schwierigste Abschnitt des Wegs durch enges und steiles Hanggelände. Wir müssen Felsen und umgefallene Bäume überwinden, ehe wir zu mehreren Aussichtspunkten auf das Storskogdalen kommen. Tief unten liegen die Seen Helligforsen und Helligholet, gegenüber stürzt der Wasserfall vom Litlværivatnet zu Tal. Nach einiger Zeit liegt eine Steilstufe vor uns, die wir abwärts bis zu einem flacheren Plateau überwinden. Nun schlängelt sich der Weg auf kleinen Felsrücken an Flachmooren vorbei, die mit **Rosmarinheide** *(Andromeda polifolia)*, **Scheidigem Wollgras** *(Eriophorum vaginatum)*, **Moltebeere** *(Rubus chamaemorus)* und **Schnabelsegge** *(Carex rostrata)* bewachsen sind. Nach 20 Minuten taucht vor uns die dunkle Storskogvasshytta inmitten des Kiefernwaldes auf und kündigt das Ziel an. Sie liegt nur wenige Meter vom Storskogvatnet und vom Storskogvassfossen entfernt, einem mächtigen Wasserfall, der als Abfluß des Sees eine der vielen Felsstufen des Tales überwindet. Nahe dem Seeufer hat die Forstverwaltung für die Nationalparkswärter eine zweite, verschlossene Hütte errichtet. Die Storskogvasshytta kann hingegen von jedermann kostenlos benützt werden. Im alten Bootshaus, das malerisch auf einem Felsrücken am Seeufer steht, können wir das Ruderboot für Fahrten am Bergsee ausleihen, müssen es aber unbedingt wieder an seinen Platz zurückbringen.

Wenn wir Lust und Laune verspüren, den Nationalpark noch ein wenig weiter zu erkunden, folgen wir dem Weg über die Hängebrücke oberhalb des Storskogvassfossen auf die südliche Seeseite. Durch einen eindrucksvollen Kiefernwald mit zahlreichen umgestürzten, vermodernden Bäumen steigen wir etwa 300 Meter aufwärts zur Anhöhe von Gamme, die unmittelbar am Übergang von den bewaldeten Hängen zum baumfreien Hochland des Parks liegt. Selbst im Juli erwartet uns hier noch Schnee, der die kahlen, grauen Felspartien dieser Berglandschaft mit weißen Tupfen durchsetzt. Bei einem kleinen See wurde eine alte Lappenkate aus Erdschollen, Moos und Birken als Unterschlupf errichtet. Der Aufstieg dauert von der Hütte aus eine Stunde und ermöglicht uns den Blick in die Gebirgslandschaft von Ragos, die in den bewaldeten Teilen nicht so typisch zum Ausdruck kommt. Dieses baumlose und stellenweise vegetationslose Felsplateau reicht bis an den schwedischen Padjelanta-Nationalpark heran und steigt bis auf 1300 Meter an. Von hier aus könnten wir in drei Stunden Gehzeit die Ragohytta und damit auch die Nationalpark- und Staatsgrenze erreichen. Nachdem wir eine Weile lang die herrliche Landschaft genossen haben, treten wir auf demselben Weg die Rückkehr zur Storskogvasshytta und zum Ausgangspunkt nach Lakshola an.

Auf einen Blick

Empfohlene Jahreszeit:
Mitte Juni bis Mitte September, die beste Wanderzeit ist der August.
Öffentliche Verkehrsmittel:
Keine.
Anfahrt mit dem Auto:
Von der E 6 ca. 25 km nördlich von Fauske liegt unmittelbar nach dem Tennfloget-Tunnel und der Trengsel Bru die beschilderte Abzweigung ins Tal des Nordfjords. Die Abzweigung kommt sehr unvermittelt und ohne Vorankündigung.
Empfohlene Gebietskarte:
Staatskarte Blatt 2129 I, Sisovatnet.
Ausrüstungstips:
Feste Bergschuhe, bei Nässe Stiefel, Bergkleidung samt Proviant und Regenschutz; Kompaß und Karte, wenn man bis zur Rago-Hytta oder zum Litlværivatnet wandern will.
Einkehrmöglichkeiten:
Keine, weder im Tal noch entlang der Wanderung.
Öffnungszeiten:
Die unbewirtschaftete Hütte am Storskogvatn ist das gesamte Jahr über geöffnet; die Benützung ist kostenlos und bedarf auch keiner Voranmeldung; man sollte aber nur eine Nacht bleiben, falls andere Wanderer eintreffen.
Unterkunft:
Øyra-Camping am Talanfang, sehr einfacher Platz in Øvereng am Talende (nur Stellplatz mit Stromanschluß).
Auskunft:
Ørya-Campingplatz, Touristeninformation in Fauske.

Ein kleiner Wasserfall am Weg.

Variante:
Oberhalb der Storskogvasshytta zweigt ein kaum markierter Pfad zu einem Höhenrücken ab, der auf der Südseite des Nationalparks hoch über dem Storskogdalen zum Litlværivatnet führt. Über eine Hängebrücke kann man den Seeabfluß überqueren und den Blick auf die gewaltige Kaskade des Litlværifossen genießen, die mehr als 100 Meter breit ist. Der Abstieg erfolgt über die Hänge des Fjellryggen. Dieser Pfad endet schließlich an der Talstraße zwischen Nordfjord und Lakshola, der man dann bis zum Parkplatz (Ausgangspunkt) etwa 2 km taleinwärts folgen muß.

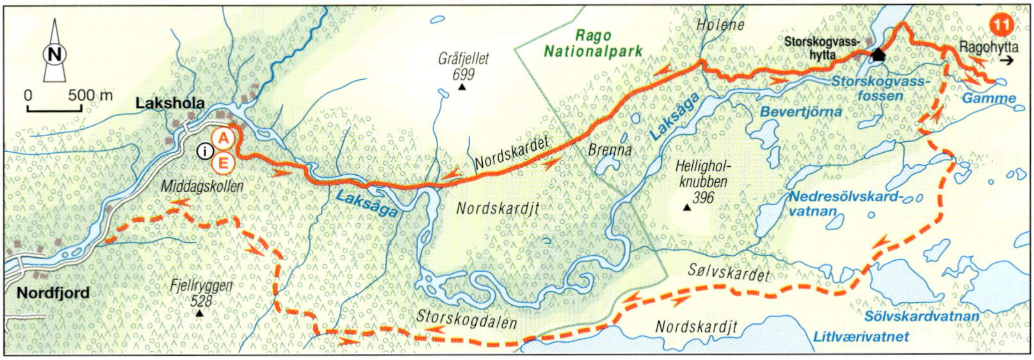

Die typische Landschaft des Rondane-Nationalparks besticht mit weiten Hochflächen und abgerundeten Gebirgsstöcken; im Hintergrund ragt der höchste Berg, der Rondslottet, auf.

Die Bergwelt von Rondane

In Norwegens ältestem Nationalpark

Der älteste Nationalpark Norwegens, der 1962 gegründet wurde, empfängt uns mit einer beinahe unwirklich erscheinenden Kulisse. Gebirge aus grauem Fels mit himmelhoch aufragenden Gipfeln zwischen tief eingekerbten Trogtälern, bewachsen mit Flechten und Heidekrautgewächsen, erinnern daran, wie die Urlandschaften unmittelbar nach den Eiszeiten ausgesehen haben müssen. Von Mysuseter an der Westseite starten wir zu einer zweitägigen Tour, die ins Gebiet des Rondvatnet und zum Rondhalsen führt. In der großzügigen bequemen Rondvassbu werden wir übernachten, um am nächsten Tag durch das Illmanndalen an die Ostseite des Rondane-Gebirge zu wandern.

INFO

Ausgangsort:
Mysuseter.

Zielort:
Parkplatz bei der Straumbu im Atnadalen.

Tourencharakter:
Zuerst Schotterstraße, anschließend zum Teil steiler Bergsteig mit rutschigen Schutthängen. Ab der Rondvassbu steiniger, gut ausgetretener Bergpfad durch das Illmanndalen, teilweise als Waldsteig bis Straumbu. Gut markiert mit rotem T und Wegweisern.

Gesamtlänge:
33 km. 1. Tag: 17 km (Etappen: 4 km bis Spranget, 7 km bis zur Rondvassbu, 6 km über den Rondhalsen zum Bootsanleger, 30 Min. Bootsfahrt). 2. Tag: 16 km (10 km bis Bjørnhollia, 6 km bis Straumbu).

Gehzeit: 1. Tag 6 Std. 15 Min.; 2. Tag 6 Std.

Toteiseinbrüche entstanden nach der Eiszeit durch das Einbrechen des Eises unter liegengebliebenen Felsblöcken.

Natur beobachten

LANDSCHAFT

Die karge, an die Eiszeit erinnernde Landschaft des Rondane-Nationalparks besticht durch ein von den Gletschern geformtes Relief. Zahlreiche Naturerscheinungen zeugen heute noch von der formenden Kraft der Gletscher. Eiszeitliche Kiesterrassen finden wir im Døråldalen. Eine Fahrt auf der Mautstraße nach Dørålseter veranschaulicht die gesamte Bandbreite der Gestaltungskraft der Gletscher und wird zum anschaulichen Geologielehrbuch. Scharf angeschnittene, hoch am Hang liegende Kiesanhäufungen sind durch eiszeitliche Schmelzwasserströme entstanden. Bei Skranglehaugan südlich von Dørålseter treffen wir auf große Vertiefungen, sogenannte Toteiseinbrüche. Diese entstanden, als im Moränenkies begrabene Eisblöcke abschmolzen. Die gerundeten Formen der niederen Bergkuppen zeigen an, daß diese während der Eiszeit von Gletschern bedeckt waren.

SÄUGETIERE

Der Rondane-Nationalpark umfaßt eine vielgestaltige Bergwelt mit fruchtbaren Hochtälern, flechtenbewachsenen Bergrücken und mächtigen Gipfeln. Ein wichtiger Schutzzweck ist der Erhalt der Population an Wild-Rentieren. Nach der Eiszeit waren diese Berg-Rentiere in Nordeuropa weit verbreitet. Die hier lebenden sind aus Herden hervorgegangen, die einst alljährlich von Rondane über Dovre in die Sunndalsfjelle zogen. Durch Verbauung und die Anlage von Straßen und Eisenbahnlinien wurde ihr Lebensraum jedoch eingeschränkt und ihre Wanderroute abgeschnitten. Die sehr scheuen Tiere können durch Störungen leicht vergrämt werden und ihre angestammten Äsungsgebiete verlassen. Deshalb sollte man den Rentieren mit größter Zurückhaltung begegnen.

PFLANZEN

Karger Fels und damit verbunden der Mangel an Nährstoffen sowie relative Trockenheit führen dazu, daß die

Vegetation in dieser Region arm an Arten ist. Zwergstrauchheiden aus Schwarzer Krähenbeere *(Empetrum nigrum)*, Rauschbeere *(Vaccinium uliginosum)*, Bärentraube *(Arctostaphylos uva-ursi)* und Kriechweiden *(Salix herbacea, Salix retusa)* überziehen großflächig die Berghänge. Dazwischen übernehmen Strauch- und Krustenflechten eine vorherrschende Rolle. Weite Teile der mit Steinblöcken übersäten Berghänge leuchten im Gelb der Landkartenflechten *(Rhizocarpon geograficum)* und anderen Krustenflechten. Am Boden bilden zahlreiche Strauchflechten wie Rentierflechten *(Cladonia rangiferina)*, andere Cladonia-Arten *(Cladonia arbuscula, C. coccifera, C. stellaris)*, Isländisch Moos *(Cetraria islandica)* sowie *Cetraria cucculata* und *Cetraria nivalis* einen dichten Bewuchs. Weitere häufige Flechten sind *Umbilicaria proboiscea, Nephroma arcticum, Haematomma ventosum* und *Parmelia olivacea*. An den Windkanten, vor allem an den Hängen des Rondslottet und Storronden, wachsen Blütenteppiche aus Alpenazaleen *(Loiseleuria procumbens)*.

Nur ganz wenige höhere Pflanzen können den rauhen Klimabedingungen widerstehen. Der Gletscherhahnenfuß *(Ranunculus glacialis)* zum Beispiel kommt bis in etwa 1700 Meter Höhe vor, und an Bachläufen wächst häufig der Stern-Steinbrech *(Saxifraga stellaris)*.

KULTURDENKMAL

Schon seit der Steinzeit haben Jagd und Tierfang Menschen in das Gebiet des heutigen Nationalparks geführt. In einigen Teilen des Parks, vor allem im Illmanndalen, gibt es Reste von Fallgruben und großen Fanganlagen. Auch Spuren von Wohnstätten und Steingräbern hat man nachgewiesen. Die meisten Steinhütten wurden im 19. Jahrhundert errichtet und gehören zu den jüngeren Kulturdenkmälern des Gebiets. Englische Adelige und auch der Märchensammler Christian Asbjørnsen verwendeten sie bei ihren Jagdgängen als Unterschlupf.

Der Natur-aktiv-Tip

Von Mysuseter führt eine steile Mautstraße durch das Uladalen zurück ins Gudbrandsdal. Entlang dieser Straße können wir bei einem kleinen Parkplatz anhalten und einen sehr steilen Steig etwa 15 Minuten hangaufwärts zu den Erdpyramiden hinaufklettern. Die »Weißgekleidete Priester« – »Kvitskriuprestene« – genannten Formationen kommen sonst in Skandinavien nirgends mehr vor und sind nur aus den Zentralalpen bekannt. Sie entstehen durch den Regen, der den weichen Moränenschotter auswäscht. Größere Blöcke, die freigelegt werden, schützen das darunterliegende Erdreich, während es rund herum immer weiter abgetragen wird. Im Laufe der Zeit bleiben zackenförmige Schottergebilde übrig, die, wie hier im Uladalen, aus den steilen Hängen ragen.

Die Erdpyramiden Kvitskriuprestene im Uladalen.

Der Stern-Steinbrech wächst an kiesigen Bachufern.

Die nordische Segge *Carex bigelowii*.

Blick auf den fjordartigen Rondvatnet vom Storhalsen aus.

Über Berg und Tal durch norwegische Urlandschaft

1. Etappe: Mysuseter–Rondvassbu

Für die zweitägige Tour ist es ratsam, das eigene Auto schon in Otta im Gudbrandsdalen abzustellen und die 13 Kilometer bis Mysuseter mit dem Linienbus zu fahren. Mysuseter, am Südwestrand des Parks gelegen, gilt als das Eingangstor zum Rondane-Gebiet und besteht aus unzähligen Ferienhütten und ein paar kleineren und größeren Hotels. Wir folgen zuerst der bequemen Fahrstraße von der Bushaltestelle beim kleinen Café in Mysuseter auf das Hochplateau des Flatfjellet. Auf den ersten eineinhalb Kilometern wandern wir auf der Mautstraße in Richtung Spranget aufwärts und kommen an den zahllosen rotbraunen Holzhäuschen vorbei. Nach 30 Minuten erreichen wir nahe einem kleinen See zu Füßen der Ranglarhøi das weite Plateau des Flatfjellet und sehen zum ersten Mal zu den im Hintergrund aufragenden Bergen des Rondane-Massivs. Wir folgen ca. 45 Minuten lang der Fahrstraße über das Flatfjell und überwinden kleinere Geländewellen, ehe wir den Parkplatz von Spranget erreichen. Hier beginnt das Fahrverbot für den Privatverkehr, die folgenden sieben Kilometer bis zur Rondvassbu können nur mehr zu Fuß oder mit dem Fahrrad zurückgelegt werden. Dabei überwinden wir in eineinhalb Stunden fast unmerklich 150 Höhenmeter. Nördlich des Parkplatzes ragen die Berge Stormeden, Veslemeden und Smiubelgen auf, vor uns und stets die Richtung weisend, die höchsten Gipfel des Gebietes, der Storronden und der Rondslottet. Langgezogene Grate, tiefe Taleinschnitte

Die komfortablen DNT-Hütten Rondvassbu.

und eiszeitlich geformte Schotterterrassen kennzeichnen die Landschaft. Das trockene Klima und den trittfesten Untergrund wissen die Wanderer zu schätzen, auch wenn die Geröllfelder und Steinblöcke das Vorwärtskommen oft erschweren.

Bald verläuft die Fahrstraße hoch über der wilden Ula, und wir genießen den Blick in dieses unberührte Flußtal mit den dahinter aufragenden Bergen. Bei entsprechendem Licht – etwa nach einem Gewitter oder im Herbst – erstrahlen die Berge mit ihrem Flechtenbewuchs in besonderen Farben. Manchmal wirken sie im Sommer wie mit feinem, silbrigem Schnee überzogen. Im Herbst hingegen, wenn sich die Birken und Zwergsträucher rot und gelb verfärben, erinnern sie an eine Palette bunter Aquarellfarben.

Knapp vor der Hütte, nachdem der Fahrweg sich leicht zum Ufer des Sees gesenkt hat, überqueren wir den Bach, der aus dem Illmanndalen zur Store Ula abfließt. Von der Brücke aus sehen wir in den kleinen Cañon, den der Fluß im Laufe der Zeit in das Gestein gefräst hat. Anschließend wenden wir uns nach links, biegen vor der Hütte vom Fahrweg ab und folgen dem Steig, der zur Brücke über die Store Ula auf die westliche Seeseite führt. Beim Überqueren der kleineren Rinnsale fallen uns die Polster des **Stern-Steinbrechs** *(Saxifraga stellaris)* auf, der auf lockerem Geröll in der Nähe von Bächen gedeiht. Die Bachufer werden von niederen Büschen der **Spießweide** *(Salix hastata)* und von **Scheuchzers Wollgras** *(Eriophorum scheuchzeri)* gesäumt. Am anderen Ufer zeigen Wegweiser die Ziele Veslemeden, Døralseter und Rondhalsen an. Weil der Rondvatnet so tief in ein Trogtal eingeschnitten ist, besteht keine Möglichkeit, seinem Ufer in Seenähe zu folgen. Wer also nach Dørålseter will, muß zuerst die Anhöhe des Rondhalsen überwinden. Wir folgen diesem Steig, der auf die erste Geländestufe hinaufführt. Die Hänge sind mit einem Mosaik aus verschiedenen Flechten wie **Rentierflechte** *(Cladonia rangiferina)* und **Isländisch Moos** *(Cetraria islandica)* sowie den beinahe unscheinbaren Zwergsträuchern der **Alpenbärentraube** *(Arctostaphylos alpinus)* überzogen. Vereinzelt wächst dazwischen auch die **Blauheide** *(Phyllodoce caerulea)*. Vorbei an der kleinen Schlucht des Jutulhogget erreichen wir das langgezogene Kar-Tal Rondholet, das sich aufwärts bis zum Sattel des Storhalsen zieht und durch dessen unteren Teil der Rondholbekken fließt. Wegen der Weite der Landschaft lassen sich Distanzen kaum einschätzen, alles wirkt greifbar nahe, ist es aber nicht. Für den Aufstieg über die Schuttfluren und durch die Grobblockhalden müssen wir eineinhalb bis eindreiviertel Stunden einplanen. Je höher wir kommen, um so mehr nimmt die geschlossene Vegetation ab. Auf den Felsblöcken wachsen verschiedene Krustenflechten, von denen die **Landkartenflechte** *(Rhizocarpon geograficum)* mit ihrem leuchtenden Gelbgrün hervorsticht. Der Boden ist von den teppichartigen Sträuchern der **Alpenazalee** *(Loiseleuria procumbens)* bedeckt. Dieser Zwergstrauch aus der Familie der Heidekrautgewächse vermag es wie keine andere Pflanze, windgefegte Kanten zu besiedeln, auf denen im Winter Temperaturen zwischen minus 40 bis minus 50 °C herrschen. Mit Glück entdecken wir hier an Stellen, die geschützter sind und an denen sich etwas mehr Erde ansammeln konnte, die **Lappland-Alpenrose** *(Rhododendron lapponicum)*. In kleineren Mulden haben sich Flachmoore gebildet, die von **Scheuchzers Wollgras** *(Eriophorum scheuchzeri)*, **Rasenbinse** *(Trichophorum caespitosum)* und **Rosmarinheide** *(Andromeda polifolia)* besiedelt sind. Später nehmen auch die Polsterpflanzen wie **Fetthennen-Steinbrech** oder **Alpenazalee** *(Loiseleuria procumbens)* ab, und wir treffen nur mehr vereinzelt auf den **Gletscherhahnenfuß** *(Ranunculus glacialis)*. In geschützten Winkeln zwischen den Felsblöcken wachsen noch anspruchslose Gräser wie das **Alpen-Rispengras** und die typische **Starre Segge** *(Carex bigelowii)*. Flechten wie **Rentierflechte**, **Trompetenflechte** und Arten der Gattung *Cetraria* stehen nur mehr in kleinen, lockeren Gruppen zusammen und bedecken den Boden nur noch lückenhaft. Knapp vor dem Gipfel zweigt ein unmarkierter Steig nach links zum 2016 Meter hohen Veslemeden ab. Wir folgen aber dem mit einem roten »T« markierten Pfad zum Gipfel des Rondhalsen. Tief unter uns liegt der Rondvatnet wie ein langgezogenes Band zwischen den grauen Felswänden. Als kleine Farbtupfer erkennen wir die Hütten von Rondvassbu am Südende des Sees und überblicken auch den weit ausladenden südlichen Abschnitt des Nationalparks. Kein Baum, kein Strauch verstellt den Blick, und wir erkennen die kargen mit Flechtenteppichen bewachsenen Moränenrücken, die die Gletscher hinterlassen haben.

Nach kurzer Rast steigen wir über felsige Steilstufen und rutschige Schutthänge ins Rondvassdalen ab. Parallel zum Weg fließt ein Bach in mehreren Kaskaden zu Tal. Der unterste Hang, den wir nach ca. 40 Minuten erreichen, ist am unangenehmsten, und wir müssen gut aufpassen, um nicht auszurutschen. Schließlich kommen wir nach 45 Minuten im Rondvassdalen an. Richtung Norden führt der Weg zum Bergedalen und weiter nach Dørålseter. Wir gehen aber nach rechts und wandern das kurze Stück zum Nordufer des Rondvatnet,

Der Bootsanleger bei der Rondvassbu.

um mit dem Fährboot quer über den Bergsee zur Rondvassbu zu fahren. Dieses legt im Juli und August täglich um 9.00, 14.00 und 16.00 Uhr bei der Rondvassbu ab und überquert in 20 Minuten den See bis ans Nordende. Nach einem zehnminütigen Aufenthalt kehrt es zur Hütte zurück. Nach mehr als sieben Stunden reiner Gehzeit sind wir endlich bei unserem Nachtlager, der DNT-Hütte Rondvassbu, angekommen. In den gemütlichen holzgetäfelten Stuben serviert der Hüttenwirt sowohl ein vorzügliches Abendessen als auch ein reichhaltiges Frühstück. Die Lage der Hütte im Zentrum des Nationalparks macht sie zu einem beliebten Ausgangspunkt zu zahlreichen Touren. In knapp fünf Stunden läßt sich der höchste Berg von Rondane, der 2178 Meter hohe Rondslottet, besteigen, in gar nur drei Stunden erreicht man den Gipfel des zweithöchsten Berges, den 2138 Meter hohen Storronden.

2. Etappe: Rondvassbu–Straumbu

Nach einer erholsamen Nacht starten wir am zweiten Tag zur Durchquerung des Illmanndalen. Unmittelbar bei der Hütte zweigt der schmale, mit »Bjørnhollia« markierte Bergpfad ins breite Illmanndalen ab, das zwischen Storronden im Norden und Illmanhøi im Süden nach Osten verläuft. Zuerst erklimmen wir den anfangs kurzzeitig steilen Anstieg auf den Sattel um den See Fremre Illmanntjørn. Von der oberen Kante der ersten Geländestufe sehen wir noch einmal zur Rondvassbu zurück, die malerisch vor dem fjordartigen Rondvatnet liegt. Nach links zweigt der breit ausgetretene Weg zum Storronden ab, der nun linker Hand vor uns aufragt und vom mächtigen Kar-Tal Rondholet begrenzt wird. Der Boden ist fast völlig von **Alpenazalee** *(Loiseleuria procumbens)* und **Alpenbärentraube** *(Arctostaphyllos alpinus)* bedeckt. Nach 30 Minuten stoßen wir auf den Rest einer alten Fallgrube, die einst zum Fangen der wildlebenden Rentiere verwendet wurde. Allmählich leitet uns der Pfad leicht abwärts in das Illmanndalen; von rechts mündet der Weg, der direkt von Spranget kommt. Jetzt haben wir eine Stunde unseres sechsstündigen Marsches nach Straumbu zurückgelegt und überqueren die Wasserscheide des Illmanndalen. Diese wird durch eine mächtige Endmoräne gebildet, die quer über dem Tal liegt und aus Geröll und größeren Felsblöcken besteht. Ab jetzt folgen wir dem Fluß Illmanntjørnin nach Osten. Er durchfließt eine ganze Reihe von kleinen Seen, die sich wie eine Perlenkette aneinanderreihen. Die Moränenwälle, die der Gletscher nach dem Abschmelzen am Ende der Eiszeit hinterlassen hat, bilden natürliche Staumauern für diese kleinen Gewässer. Im Sommer macht hier der **Große Brachvogel** mit seinem schrillen Warnruf auf sich aufmerksam, während sich **Merline** in den felsigen Partien der Hänge aufhalten. Diese kleine Falkenart ist am gebänderten Schwanz und an der längsgestreiften Unterseite zu erkennen. Während die Hänge beinahe unbewachsen sind, säumen krautige Fluren aus **Spießweiden** *(Salix hastata)*, **Lapplandweiden** *(Salix lapponicum)* und **Zwergbirken** *(Betula nana)* die Gewässer. Die grünen Polster eines **Quellmooses** *(Pohlia wahlenbergii)* wuchern über Stei-

Die Hütte Straumbu am Ende der Wanderung.

ne, dazwischen ragt der **Stern-Steinbrech** *(Saxifraga stellaris)* hervor; an den Ufern leuchtet weiß **Scheuchzers Wollgras** *(Eriophorum scheuchzeri)*. Wir queren zweimal kleinere Bachverbindungen auf Steinplatten und steuern dem Ende der Seenkette zu, wo rechter Hand der flache Karboden Løypet am Talhang liegt. Nun fällt der Weg stärker ab und erreicht nach etwa zweieinhalb Stunden Gehzeit einen Erdrutsch, der sich weit in den Talboden vorgeschoben hat. Ein kurzes Wegstück legen wir unmittelbar am schottrigen Ufer des Flusses zurück, ehe sich dieser immer tiefer in das V-Tal einsenkt. Da dieses Tal so steil ist, daß ein Durchlaß nicht mehr möglich ist, hält sich der Wanderweg am Hang oberhalb des nun zur Schlucht verengten Illmanndalen. Wir queren am sanften, mit Zwergsträuchern bewachsenen Hang ein paar Seitenbäche und beginnen nach etwas mehr als dreieinhalb Stunden den Abstieg zur DNT-Hütte Bjørnhollia. Unmittelbar vor der Hütte treten wir in den mit Birken bewaldeten Abschnitt des äußeren Illmanndalen ein und erreichen nach vier Stunden die reizvolle Hütte zu Füßen des 1578 Meter hohen Svulten. Mittlerweile haben wir den Nationalpark verlassen und befinden uns auf dem Almgelände von Bjørnhollia. Nahe der Hütte, die aus mehreren grasbedeckten Blockhäusern besteht, können wir einen Abstecher in die Schlucht Skjerdalen unternehmen, durch die der Myldingtjørn fließt. Nördlich der Hütte beginnt das Langglupdalen, das den Übergang nach Dørålseter ermöglicht.

Um unseren Weg Richtung Straumbu fortzusetzen, queren wir das Almgelände, folgen zuerst der Fahrstraße in Richtung Gammelseter und überqueren eine Brücke. Hier zweigt nach Südosten ein Pfad ab, der nach Fagervoll am Atnasjøen führt. Wir wandern aber durch das Hofgelände von Gammelseter und folgen dem Pfad zum See Musvoltjørni. Wir queren den Seeabfluß und steigen am Nordhang des Musvolkampen leicht aufwärts. Linker Hand begleitet uns die enge Schlucht Myldingsgjelet, die unzugänglich ist und diesen Gegenanstieg notwendig macht. Anschließend senkt sich der Weg über sanfte Geländewellen, die durch die Eiszeitgletscher entstanden sind und ehemalige Gletscherränder darstellen, dem Atnadalen entgegen. Nach 45 Minuten erreichen wir das bewaldete Gebiet des Naturreservats Myldingi. Links vereint sich das Langglupdalen mit dem Myldingsgjelet zum Store Myldingi. Nach einer Stunde seit Bjørnhollia säumen die ersten Kiefern den Weg, nach eineinhalb Stunden kommen wir nach dem Durchqueren kleinerer Moorstellen zu der mit Fichtenwald bestandenen Abbruchkante oberhalb der Atna. Am gegenüberliegenden Hang sehen wir zum Gehöft von Straumbu hinüber. Über ein etwas steileres Hangstück gelangen wir auf das Delta des Store Myldingi, das der Fluß am Ende der Eiszeit im Atnadalen abgelagert hat, und erreichen schließlich den Talboden, der von mehreren Seitenbächen und dem Hauptarm der Atna eingenommen wird. Diesen überqueren wir auf der modernen Hängebrücke und beenden unsere Tour am großen Parkplatz an der Straße RV 27 unterhalb von Straumbu.

Auf einen Blick

Empfohlene Jahreszeit:
Mitte Juni bis Mitte September.
Öffentliche Verkehrsmittel:
Busse von Otta nach Mysuseter, Buslinie entlang der Straße 27 nach Folldal oder Ringebu, mit Haltestelle an der Einmündung der Zufahrtsstraße zur Straumbu; von Ringebu mit Buslinien zurück nach Otta. Unbedingt vor der Tour in der Touristeninformation den genauen Fahrplan erfragen.
Anfahrt mit dem Auto:
Von Otta (E 6) aus über eine serpentinenreiche Bergstraße, 13 km nach Mysuseter.
Empfohlene Gebietskarte:
Wanderkarten Rondane und Høvringen-Kvamsfjellet, Staatskarten M = 1:50 000, Blätter 1718 I, Rondane, 1818 IV, Atnasjøen.
Ausrüstungstips:
Regenjacken und feste Schuhe, leichter Leinen-Schlafsack (Hüttenschlafsack) ist für die Übernachtung in den DNT-Hütten notwendig; Tagesproviant, Wasserflasche.
Einkehrmöglichkeiten:
Kiosk und Café in Mysuseter mit eingeschränktem Proviantverkauf; DNT-Hütte Rondvassbu, DNT-Hütte Bjørnhollia.
Öffnungszeiten:
Die Hütte Rondvassbu ist von Mitte Juni bis Mitte September geöffnet, das Boot verkehrt nur im Juli und August. Bjørnhollia ist in den Sommermonaten geöffnet.
Unterkunft:
Rondvassbu, hotelartige Unterkunft mit Frühstücksbuffet und gutem norwegischem Abendessen; nördlich der Hütte besteht ein Zeltplatz, zelten ist überall im Park erlaubt; Høyfjellhotellet in Mysuseter, Tel. 61 23 39 33; Mysuseter Fjellstua; DNT-Hütte Bjørnhollia mit 88 Betten, Duschen, Speisesaal.
Auskunft:
Zum Nationalpark: Statskog-Oppdal, Boks 124, N-2601 Lillehammer, Tel. 61 26 60 00.
Sonstiges:
Naturschutzgebiet Frekmyr bei der Abzweigung der Mautstraße nach Dørålseter.

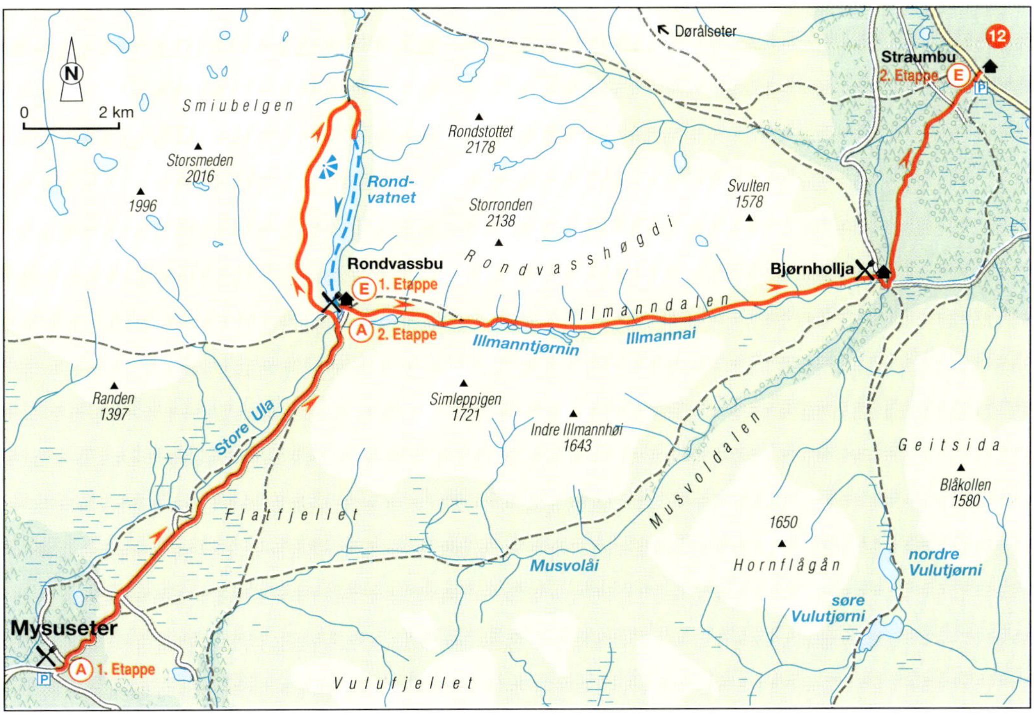

13 Vogelschutzgebiete Hamar und Lillehammer

INFO

Empfohlene Jahreszeit:
März/April; Mitte Juni bis Ende September.

Tourencharakter:
Keine Wanderwege im Gebiet; Aussichtspunkte am Rand der Schutzgebiete, bei Hamar mit Aussichtsturm.

Anfahrt mit dem Auto:
Beide Gebiete erreicht man über die E 6; Hamar unmittelbar an der Kreuzung zur Olympiahalle, Lillehammer: am Westufer des Mjøsasees vor der Straßenbrücke nach Lillehammer auf die RV 253 nach Jørstadmoen abzweigen; der erste Aussichtspunkt liegt 500 Meter nördlich der Abzweigung.

Trotz des starken Verkehrs auf der E 6 treffen wir entlang der Strecke auf Regionen, die auch zu Schutzgebieten oder Reservaten erhoben wurden. Zwischen Hamar und Dombås wurden mehr als 20 kleinere und größere Naturschutzgebiete an Seeufern, Feuchtgebieten und kleineren Seen eingerichtet.

Zwei leicht erreichbare Vogelschutzgebiete befinden sich in Hamar in der Nähe des »Wikingerschiffes«, der Eishalle, die 1994 für die Olympischen Spiele errichtet wurde. Unmittelbar in Hamar nach der Abzweigung von der E 6 zu dieser Halle führt nach der Ampel ein nicht sofort ersichtlicher Weg zu einer Pumpstation. Nur 30 Meter von der Straße entfernt steht ein zehn Meter hoher Vogelbeobachtungsturm, von dem aus man das Vogelschutzgebiet Åkersvika überblickt.

Das Mosaik aus offenen Wasserflächen, Moorgebieten, Weidengebüschen und Verlandungszonen wird von den Flüssen Flakstadelva und Svartelva umschlossen.

Das Schutzgebiet Åkersvika bei Hamar an der E 6.

Ein Beobachtungsplatz im Naturreservat Lågendelta am Mjøsasee gegenüber von Lillehammer.

Åkersvika ist mit vier Quadratkilometern seit 1984 ein international anerkanntes Feuchtgebiet, das vor allem für den Vogelzug im Juni und September große Bedeutung hat. Hier können wir **Pfeifenten**, **Doppelschnepfen**, **Strandläufer**, **Sanderlinge** und **Spornammern** beobachten.

Am oberen Mjøsasee, dem größten Binnengewässer Norwegens, befindet sich unmittelbar gegenüber vom Stadtzentrum Lillehammer das Vogelschutzgebiet und Naturreservat Lågendelta, das sich nach Norden in Richtung Fåvang am Fluß Lågen erstreckt. Das 7230 Hektar große Gelände umfaßt deltaähnliche Mündungsgebiete mit Schotterfluren, Feuchtgebieten und Verlandungszonen sowie offene Wasserflächen am nördlichsten Rand des Mjøsasees. Der Schutz gilt sowohl den Pflanzen als auch Vögeln, die in den vielfältigen Lebensräumen optimale Nahrungs- und Brutgebiete vorfinden. Das Mündungsdelta ist eines der größten in Norwegen. **Grauweiden** *(Salix cinera)*, **Salweiden** *(Salix caprea)*, **Schwarzweiden** *(Salix nigricans)* und **Mandelweiden** *(Salix triandra)* bilden ein undurchdringliches Gebüsch. Diese Weiden sind besonders an sickernasse, nährstoffreiche Tonböden angepaßt, die periodisch überschwemmt werden. Zwischen den Büschen wächst auch der **Bittersüße Nachtschatten** *(Solanum dulcamara)*. Am Übergang zu den Ufern gedeihen **Schlankseggen** *(Carex acuta)*, in feuchten Mulden sind **Teich-Schachtelhalm** *(Equisetum fluviatile)* und **Winter-Schachtelhalm** *(Equisetum hyemale)* zu finden. Zu den ständigen Bewohnern gehören **Krickente**, **Schwan**, **Wasseramsel**, **Gänsesäger** und **Großer Brachvogel**.

Beobachtungsplätze mit Informationstafeln befinden sich an der Straße RV 253 nach Jørstadmoen, die unmittelbar vor der Überquerung des Mjøsasees vor Lillehammer abzweigt, sowie beim Delta knapp vor Jørstadmoen.

14 Im Naturreservat Sølendet bei Røros

INFO

Ausgangsort/Zielort:
Parkplatz am Torsvollvegen, 3 km nördlich von Brekken.

Tourencharakter:
Moorstellen sind durch Holzbohlen gesichert. Markierung durch Holzpflöcke und Wegweiser.

Anfahrt:
Bei Brekken von der RV 31 auf die FV 561 abbiegen, nach 3 km zweigt unmittelbar nach der Brücke über die Glåma der Torsvollvegen ab, ein Schild kündigt das Schutzgebiet an; nach 500 Metern beginnt an einem ausgeschilderten Parkplatz der Pfad ins Naturreservat.

Gesamtlänge: Kurzer und langer Naturlehrpfad, 1,5 bzw. 3 km.

Gehzeit: 30 Min. bzw. 1 Std.

Über die Straße 31, die von Røros nach Osten in Richtung Schweden nach Funäsdalen und weiter nach Sveg und Mora verläuft, können wir knapp vor der norwegisch-schwedischen Grenze zum Naturreservat Sølendet gelangen, das nördlich des Aursunden liegt.

Die Gesamtfläche des Pflanzenschutzgebietes beträgt mehr als 30 Hektar und umfaßt orchideenreiche Kalkflachmoore, die von Feuchtgebüschen und Heideflächen umgeben sind. Mehr als 50 Tuffquellen speisen die teils auf Hängen angesiedelten Moore mit mineralstoffreichem Wasser und sind für die artenreiche Flora verantwortlich. Diese enthält heute mehrere seltene und geschützte Arten. Zugute kam den Flächen, daß sie jahrhundertelang zur Heugewinnung genutzt wurden, so daß keine Büsche und Bäume aufkommen konnten.

Entlang der eineinhalb und drei Kilometer langen Naturlehrpfade werden auf Tafeln der Naturraum samt den Tier- und Pflanzenarten sowie die alten landwirtschaftlichen Nutzungsformen vorgestellt. Mehrere alte Heuhütten, »laue« genannt, verteilen

Orchideenreiche Wiesen im Naturschutzgebiet Sølendet.

Ein Naturlehrpfad führt durch das Schutzgebiet.

Das »Informationszentrum« des Reservats befindet sich in einer typischen »Laue«, einer alten Heuhütte.

sich über das Gebiet. Vor allem der Reichtum an Orchideen, der im Juli voll zur Geltung kommt, ist eindrucksvoll und sehenswert. Auf manchen Moorflächen stehen dicht an dicht die roten oder rosaroten Blütenstände des **Fleischroten Knabenkrautes** *(Dactylorhiza incarnata)*, des **Fuchs' Knabenkrautes** *(Dactylorhiza fuchsii)*, des **Blutroten Knabenkrautes** *(Dactylorhiza cruenta)* und der **Händelwurz** *(Gymnadenia conopsea)*. Das sonst nur einzeln und selten vorkommende **Große Zweiblatt** *(Listera ovata)* gedeiht hier zu Hunderten. Daneben wiegen sich die weißen Blütenköpfe des **Breitblättrigen Wollgrases** *(Eriophorum latifolium)* im Wind. Im Spätsommer kommt der violettblaue **Teufelsabbiß** *(Succisa pratensis)* zur Geltung. Bemerkenswerte Arten sind ferner **Oeders Läusekraut** *(Pedicularis oederi)*, **Sumpfpippau** *(Crepis paludosa)*, **Scheidiges Wollgras** *(Eriophorum vaginatum)* und die nordische **Orchidee** *(Dactylorhiza pseudocordigera)*. Birkenwälder umgeben die Moore; in ihnen wachsen **Waldstorchschnabel** *(Geranium sylvaticum)*, **Nordischer Eisenhut** *(Aconitum septentrionale)*, **Trollblumen** *(Trollius europaeus)* und **Mädesüß** *(Filipendula ulmaria)*. An den Kalktuffquellen finden wir typische Arten wie **Fetthennen-Steinbrech** *(Saxifraga aizoides)* und die **Seggen-Art** *Carex atrofusca.* Auf die Beweidung deuten **Borstgrasbulte** *(Nardus stricta)* hin. Wo einst Weidegebiete waren, gedeihen heute **Wacholdersträucher** *(Juniperus communis)*, **Preiselbeeren** *(Vaccinium vitis-idaea)* und **Bärentrauben** *(Empetrum hermaphroditum)*.

Aber auch die Vogelwelt des Gebietes ist einen Besuch wert. In den Weidengebüschen halten sich **Blaukehlchen**, **Moorschneehuhn**, **Fitis** und **Bergfink** auf, die offenen Moorflächen werden sogar von **Kranichen** regelmäßig besucht.

15 Das Vogelschutzgebiet Fokstumyra

INFO

Empfohlene Jahreszeit:
Mitte Juni bis Mitte September.

Ausgangsort/Zielort:
Bahnstation bei der Fokstua Fjellstue.

Tourencharakter:
Fast ebener Weg, teilweise mit Holzbohlen gesichert, bei hohem Wasserstand jedoch schwierig zu begehen. Markierung: gelbe Pflöcke und Holztafeln.

Anfahrt mit dem Auto:
Über die E 6, 25 km nördlich von Dombås.

Gesamtlänge: 6 km

Gehzeit: 2–3 Std., je nach Beobachtungsdauer.

Auskunft:
Bei Fylkesmannen i Oppland, Miljøvernavdelingen, Gudbrandsdalveien 170/172, N-2600 Lillehammer, Tel. 61 26 60 00.

Öffnungszeiten:
Das Schutzgebiet ist von 7–23 Uhr geöffnet.

Die E 6 führt zwischen Dombås und Hjerkinn über ein Hochfjell mit dem **Vogelschutzgebiet Fokstumyra** oder **Fokstu-Moor**. Durch den Bau der Dovrebanen, die das Gebiet durchschneidet, wurden wesentliche Moorgebiete zerstört; deshalb wurde das Gebiet im Jahre 1923 unter Schutz gestellt. Seit 1969 besitzt das Moorgebiet zwischen Rundtjern und Foksåa den Status eines Naturreservates.

Besonders der Bestand an Watvögeln ist bedeutend, insgesamt halten sich 127 Vogelarten im Gebiet auf, von denen 69 auch hier brüten. **Kampfläufer**, **Doppelschnepfe**, **Strandläufer** und **Kornweihe** brüten hier ebenso wie **Kleiner Brachvogel**, **Lachmöwe** und **Kiebitz**. Die häufigsten im Gebiet vorkommenden Entenarten sind **Krickenten, Reiherenten** und **Stockenten**. Die **Zwerggans** wurde 1963 zum letzten Mal gesehen. Mit Glück können wir im Reservat auch besondere Arten sehen wie z. B. **Prachttaucher**, **Kranich**, **Odinshühnchen**, **Goldregenpfeifer**, **Schafstelze**, **Blaukehlchen** und **Moorschneehuhn**.

Bereits seit 1816 werden im Fokstu-Moor wissenschaftliche Forschungen durchgeführt, die vor allem die Veränderung der Artenzusammensetzung im Laufe der Jahrzehnte dokumentieren. So nahm der Bestand an Watvögeln durch den Bau der Eisenbahn und der Straße enorm ab.

Das Schutzgebiet kann auf einem sechs Kilometer langen Rundweg, der mit Brükken und Bohlenwegen gesichert ist und durch die Kernzone des Løken-Sumpfes führt, besucht werden. Der Weg passiert nach einem Kilometer einen Beobachtungsturm. Bevor man das Gebiet betritt, muß man sich bei der Aufsicht in der Fokstua Fjellstue anmelden und in das Besucherbuch eintragen. Der Rundweg ist gelb markiert und mit Holzpflöcken versehen, an manchen Stellen, vor allem am Rückweg, ist die Markierung stellenweise jedoch etwas schwer zu erkennen.

Ein mit Holzbohlen befestigter Weg im Schutzgebiet.

Wildreiches Trollheimen

INFO

Empfohlene Jahreszeit:
Ende Juni bis Mitte September.

Ausgangsort:
Gjevilvasshytta.

Zielort:
Kamptjørnin, Trollheimshytta (zweitägige Tour).

Tourencharakter:
Mäßig steile und gut begehbare Bergpfade, teils durch lichte Birkenwälder, teils in baumfreiem Fjell-Gelände.

Anfahrt mit dem Auto:
Von Oppodal an der E 6 auf die Straße 70 in Richtung Sunndalsøra. Nach 7 km Richtung Nerskogen abzweigen und über eine Mautstraße bis zur Gjevilvasshytta.

Gesamtlänge: Kamptjørnin 16 km; Trollheimshytta 30 km.

Gehzeit: Kamptjørnin 5,5 Std.; Trollheimshytta zweimal 8 Std.

Trollheimen, die Heimat der Trolle, umschließt eine wildreiche Gebirgslandschaft nördlich des Sunndalen und westlich des Orkdalen. Dieses reizvolle und abwechslungsreiche Gebiet, das in den nächsten Jahren als Nationalpark ausgewiesen werden soll, gilt momentan noch als Geheimtip für einsame Bergwanderungen. Denn die Besucherströme konzentrieren sich auf die klassischen Berggebiete Jotunheimens, obwohl Trollheimen eine ebenso eindrucksvolle und schöne Landschaft bietet. Vor allem der westliche Teil um das Innerdalen, aber auch die Region um den Gjevilvatnet versprechen eine typische norwegische Gebirgsnatur mit Felsgipfeln, Gletschern und sanften, üppig bewachsenen Tälern.

Bekannt ist Trollheimen vor allem wegen seiner reichen Flora. Vermutlich waren einige Gipfel des Gebiets während der Eiszeit eisfrei, so daß die Pflanzen dort die Kälteperiode überstehen konnten. Raritäten sind der **Lappländische Augentrost** *(Euphrasia lapponica)* und der **Norwegische Beifuß** *(Artemisia norvegica)*. Dieser wächst auf den südexponierten **Silberwurz-Heiden** *(Dryas octopetala)*, die im Frühjahr rasch schneefrei werden.

Eine schöne Wanderung führt vom Storlital zum malerischen Gjevilvatnet und zu einer alten Alm nahe der Gjevilvasshytta. Diese ist Ausgangspunkt für weitere Touren zum Seeufer, in das Bergland Trollheimens und zur Trollheimshytta, die ungefähr im Zentrum liegt. Der Steig verläuft durch die Senke zwischen den beeindruckenden Bergen Blahø und Gjevilvasskampen und ist in acht Stunden Gehzeit zu bewältigen. In der einsamen Fjell-Landschaft rund um die Jøldalshytta im Osten Trollheimens können wir Wildrentieren begegnen. Die Flora ist sehr vielseitig: Wir finden hier unter anderem **Blauheide** *(Phyllodoce caerulea)* sowie die **Moosähnliche Cassiope** *(Cassiope hypnoides)*, die schon Carl von Linné als eine der bezauberndsten Fjell-Pflanzen bezeichnet hat.

Am Südrand von Trollheimen bei Oppdal.

17

Pflanzenschutzgebiet Bergsåsen bei Snåsa

INFO

Empfohlene Jahreszeit:
Für die Frauenschuh-Blüte Mitte Juni bis Mitte Juli, für andere Orchideen Ende Juni bis Mitte August, für den Frühjahrsaspekt Ende Mai bis Ende Juni.

Ausgangsort:
Bergrücken am Ortsrand von Snåsa (Beginn des Naturlehrpfads).

Zielort:
Rathaus von Snåsa.

Tourencharakter:
Waldpfad mit 150 Metern Höhenunterschied, gut markiert, Aussichtspunkt abgezäunt.

Anfahrt mit dem Auto:
Von der E 6 bei Vegset auf die RV 763 in Richtung Snåsa abzweigen, 7 km bis Snåsa; am Ortsrand dem Schild »Naturstig« folgen.

Gesamtlänge: 7 km (hin und zurück).

Gehzeit: 2,5 Std. (hin und zurück).

Der Frauenschuh, eine Rarität im Bergsåsen-Gebiet.

Der Snåsavatnet, der sechstgrößte See Norwegens, liegt nördlich von Trondheim in der Provinz Namdalen. Wer die E 6 auf dem Weg nach Norden oder Süden benützt, wird zwischen Steinkjer und Grong am Nordufer des Sees entlangfahren.

Am östlichen Rand von Snåsa ragt der bewaldete Bergrücken des Bergsåsen auf, der wegen seiner besonderen Geologie und Pflanzenwelt zum Naturschutzgebiet erklärt wurde. Auf einem Pfad, der auf dreieinhalb Kilometern über den Hangrücken führt, können wir das Gebiet erkunden.

Der Ausgangspunkt des Pfades liegt etwa 200 Meter oberhalb der Hauptstraße und ist bis dorthin mit Holztafeln und der Aufschrift »Naturstig« gekennzeichnet. Am Weg sind über 40 Informationstafeln aufgestellt. Die Besonderheit des Gebietes: der Bergrücken besteht aus dem für Norwegen seltenen Kalkgestein. Dieses läßt nur trockene, flache Böden mit Rohhumusauflage zu, die für Föhrenwälder wie geschaffen sind. Deshalb wächst auf dem Bergsåsen ein reiner **Schneeheide-Kiefernwald**, der eine abwechslungsreiche Flora beherbergt. Dazu gehören vor allem Besonderheiten wie **Geflecktes Knabenkraut** *(Dactylorhiza majalis)*, **Waldhyazinthe** *(Platanthera bifolia)*, **Rotbraune Stendelwurz** *(Epipactis atrorubens)*, **Fliegenragwurz** *(Ophrys insectifera)* und **Frauenschuh** *(Cypripedium calceolus)*. Zu den typischen Föhrenwaldarten gehören **Schneeheide** *(Erica carnea)*, **Preiselbeere** *(Vaccinium vitis-idaea)*, **Wiesenwachtelweizen** *(Melampyrum pratense)* und **Pfeifengras** *(Molinia caerulea)*.

Der Waldpfad durch das Gebiet steigt vom Ausgangspunkt mehr als 150 Meter steil an. Zur Belohnung genießen wir von den schroff ins Tal abbrechenden Hangkanten nach Nordwesten einen prachtvollen Ausblick auf den Snåsavatnet.

Nationalpark Børgefjell

INFO

Empfohlene Jahreszeit:
Mitte Juli bis Ende August.

Ausgangsort/Zielort:
Parkplatz am Simskarfluß.

Tourencharakter:
Mittelschwere Wanderung mit mehreren Bachquerungen; die Flüsse werden von Hängebrücken überspannt. Ziel ist die Simskarhytta, entweder kehrt man auf dem gleichen Weg zum Parkplatz zurück oder wählt die Variante am südlichen Talrand oberhalb der Simskarelva bis zum Ausgangspunkt. Dieser Weg ist teilweise verwachsen und schlecht markiert, deshalb also etwas schwierig. Bei Regen sind alle Wege morastig und nur mit Stiefeln zu begehen.

Anfahrt mit dem Auto:
Von der E 6 vor Majavatn auf eine Schotterstraße in Richtung Fiplingsvatn abzweigen, 18 km bis zu einer Abzweigung zwischen Øvre und Nedre Fiplingsvatn, weitere 7 km bis zu einem kleinen Parkplatz am Simskarfluß.

Gesamtlänge: 8 km (hin und zurück), Variante 10 km.

Gehzeit: 2,5 Std.; Variante 3,5 Std.

Der Børgefjell-Nationalpark, nördlich des Namsentals, gehört zu den weniger besuchten Gebieten Norwegens. Er umschließt die einsame Gebirgslandschaft östlich des Øvre und Nedre Fiplingsvatnet. Erst seit kurzem führt eine Schotterstraße bis auf zwei Kilometer an die Parkgrenze heran, die zuvor am Westufer des Fiplingsvatn zwei Vogelschutzgebiete berührt.

Der etwas mehr als 1000 Quadratkilometer große Park wurde im Jahr 1963 gegründet. Das Gebiet umfaßt weite Fjell- und Gebirgslandschaften, die fast ganz außerhalb des geschlossenen Nadelwaldgürtels liegen, nur an der flacheren West- und Südgrenze des Parks gedeihen noch lichte Birkenwälder.

Breite Flüsse durchqueren das Gebiet und bilden tosende Wasserfälle, ehe sie als ruhige Ströme zum Fiplingsvatnet, zum Maiavatnet und zum Namsvatnet fließen. Im Zentrum dominieren nur noch kahle Granitfelsen, die in Senken mit Tundravegetation bewachsen sind. Höhepunkt des Gebietes ist der gletscherverhangene, 1703 Meter hohe Kvigtind.

Auch wenn **Elch**, **Bär**, **Luchs**, **Vielfraß** und der **Polarfuchs** zu den ständigen Bewohnern des Parks gehören, zieht vor allem die reichhaltige Vogelwelt das Interesse auf sich. Neben den großen Greifvogelarten wie **Steinadler** und **Fischadler** kommen in den baumlosen Fjell-Gebieten der **Rauhfußkauz** und die **Schnee-Eule** vor. Hier ist auch der **Goldregenpfeifer** zu hören.

Die urtümliche Landschaft des Børgefjell-Nationalparks.

19 Pflanzenschutzgebiet Junkerdalen

INFO

Empfohlene Jahreszeit:
Ende Juni bis Mitte August; Ende August bis Mitte September (Herbstfärbung).

Ausgangsort/Zielort:
Junkerdalen Touriststation oder Gehöft Skaiti.

Tourencharakter:
Zum Teil schwieriger Bergpfad. Markierung.

Anfahrt mit dem Auto:
Über die RV 77, die vor dem Saltdal-Touristcenter ins Junkerdalen abzweigt; 20 km bis zur Junkerdalen-Touriststation.

Gesamtlänge: 16 km

Gehzeit: 6 Std.

Auskunft:
Storjord Touristcenter,
Tel. 75 69 41 00.

Karte:
2128 I Balvatnet und 2128 IV Junkerdal.

Das Pflanzenschutzgebiet Junkerdalen nördlich des Saltfjell gehört neben dem Dovrefjell, Trollheimen und dem Reisadal zu den botanisch interessantesten Gebieten Norwegens. Knapp vor dem Saltdal-Touristcenter zweigt bei Storjord die Straße 77 ins Junkerdalen ab. Nach 20 Kilometern erreicht man das Junkerdal-Touristcenter, wo eine kleine Schotterstraße ins Tal der Skaitielva abbiegt. Diese endet beim Gehöft Skaiti, an dem unsere Wanderung ins Junkerdalen-Balvatn-Pflanzenschutzgebiet beginnt.

Schon am Taleingang fallen die mit wucherndem **Scharfem Mauerpfeffer** *(Sedum acre)* gelbgefärbten Schieferfelsen auf. Das Berggebiet, dessen Ausweisung als Nationalpark in den nächsten Jahren bevorsteht, besticht durch eine artenreiche Gebirgsflora mit zahlreichen seltenen Pflanzen. Der Wanderweg folgt auf acht Kilometern der Skaitielva und endet an der Argaladhytta. Am Weg findet man die Raritäten des Gebietes wie **Frauenschuh** *(Cypripedium calceolus)*, aber auch verschiedene **Steinbrech-Arten**, **Einblütiges Wintergrün** *(Moneses uniflora)*, **Nickendes Wintergrün** *(Orthilia secunda)* und **Rosenwurz** *(Sedum rosea)*.

Das Einblütige Wintergrün.

Das Karlszepter gehört zu den Läusekräutern.

Die wildreiche Schlucht der Junkerdalselva nahe dem Storjord-Touristcenter.

Am Bachufer blühen **Trollblumen** *(Trollius europaeus)*, **Alpen-Milchlattich** *(Cicerbita alpina)*, **Nordischer Eisenhut** *(Aconitum septentrionale)* und **Waldengelwurz** *(Angelica sylvestris)*. Die Rinnsale, die den Weg queren, werden von **Strauß-Farnen** *(Matteuccia struthiopteris)*, **Zweiblütigen Veilchen** *(Viola biflora)* und verschiedenen Weidengebüschen begleitet. In unmittelbarer Nähe des Flusses ist das **Karlszepter** *(Pedicularis sceptrum-karolinum)* zu finden.

Eine Rast im Storjord-Touristcenter (32 Kilometer nördlich des Saltfjell, 38 Kilometer südlich von Rognan), das auch über einen Camping- und Kinderspielplatz verfügt, lohnt sich auch aus naturkundlicher Sicht. Hier beginnt ein kleiner Wanderweg, der durch die wildreiche Schlucht der Junkerdalselva führt. Der bequeme Weg – er war einst die alte Verkehrsverbindung ins Junkerdalen – führt über zwei Hängebrücken durch **Erlenauwald** und **Grauerlen-Hangwälder**. Auf trockenen Hangbereichen wachsen Kiefernwälder. Nach einem Kilometer ist die engste Schluchtstelle erreicht.

Gegenüber von Storjord liegt das Storjord-Arboretum. Auf einer Waldwiese sind exemplarisch 32 verschiedene Nadelholzarten – Fichten, Föhren und Tannen – angepflanzt. Informationstafeln geben über Herkunft und Namen Auskunft. Ein zwei Kilometer langer Naturlehrpfad erschließt eine bewaldete Insel zwischen Junkerdalselva und Saltelva.

20 Norwegisches Fjordland

Der Geiranger, der berühmteste Fjord Norwegens.

INFO

Empfohlene Jahreszeit:
Ende Mai bis Ende September; die Wasserfälle sind im Juni am stärksten.

Ausgangsort/Zielort:
Geiranger, Wasserfall Storseterfossen.

Tourencharakter:
Bootstour von Hellesylt bis Geiranger, danach Wanderung zuerst auf der Asphaltstraße bis zur Abzweigung nach Vesterås (3 km), danach Feldweg und zum Teil steiler Bergpfad bis zum Storseterfossen. Bei Nässe sehr rutschig, insgesamt 600 Höhenmeter.

Anfahrt mit dem Auto:
Von Stryn auf der RV 60 vorbei am Hornindalsvatn bis Hellesylt; auf der RV 63 von Grotli oder Nordal direkt nach Geiranger.

Gesamtlänge: 12 km

Gehzeit: 4 Std.

In seiner ursprünglichen Bedeutung heißt Fjord nichts anderes als »Fahrwasser« und bezeichnet die typische zerklüftete Felsküste, die meist mehrere hundert Meter steil aus dem Wasser aufragt.
Norwegens Fjorde liegen vor allem in den Provinzen Rogaland, Hordaland, Sogn og Fjordane und Møre og Romsdal. Sie werden zu fünf Großfjorden zusammengefaßt, von denen sich zahlreiche Seitenarme wie ein Geflecht in die Gebirge einschneiden: Boknafjord, Hardangerfjord, Sognefjord, Nordfjord und Storfjord. Das größte aller Fjordsysteme ist der Sognefjord, der mehr als 200 Kilometer landeinwärts bis an die Gletscher und Gipfel des Jostedalsbreen-Nationalparks reicht. Für die Entstehung eines Fjordes sind drei Faktoren notwendig: Gebirge, Meer und Eis in Form von Gletschern. Diese Voraussetzungen waren in Norwegen vor und während der Eiszeiten gegeben. Die Gletscherströme flossen dem Meer zu und gruben sich in das Gestein ein. Die geschwungene Form mancher Gletscher deutet darauf hin, daß sich fließendes Eis wie Wasser verhält und stets den Weg des geringsten Widerstandes sucht. Die Kräfte, die dafür verantwortlich waren, sind zum einen die Schwerkraft, zum anderen die beträchtlichen Niveauunterschiede zwischen Hochflächen und Meeresküste. Die Folge dieser glazialen Umgestaltung waren gewaltige Täler und zu steilwandigen Felsen umgewandelte Hänge, die im Querprofil die typische U-

Form eines Kerbtals aufweisen. Nach dem Abschmelzen der Eismassen füllte das Meer diese gewaltigen, schluchtartigen Becken auf und konnte so bis zu 200 Kilometer weit ins Landesinnere vordringen. Täler, die das Meer nicht mehr erreichen konnte, wurden zu Süßwasserseen, sie lassen sich von ihrem Charakter und ihrer Form her kaum von Fjorden unterscheiden. Es ist typisch für Fjorde, daß sie im Landesinneren wesentlich tiefer sind als an der Meeresmündung. Dort liegt die Schwelle oft nur 100 Meter unter dem Wasserspiegel.

Die Fjorde bieten eine gute Möglichkeit, Meeresvögel im Landesinneren anzutreffen. Neben verschiedenen Möwenarten wie **Silbermöwe**, **Mantelmöwe** und **Dreizehenmöwe** kommen **Eiderenten**, **Eissturmvogel** und verschiedene **Raubmöwenarten** vor. Die Möwen kann man am besten während einer Fahrt durch einen Fjord von der Reling einer Fähre aus beobachten. Mit Glück lassen sich auch Greifvögel wie **Seeadler** oder **Wanderfalke** beobachten. Im Frühjahr kommen **Austernfischer** und **Kiebitz** in die Fjordtäler und suchen die grünenden Wiesen am Talschluß auf. Im Sommer ist es durchaus möglich, daß man von einer Uferstraße aus **Seehunde** sieht, die 150 Kilometer und mehr vom offenen Meer entfernt in den Fjorden auf- und abtauchen.

Von Hellesylt nach Geiranger und zum Storseterfossen

Der Geiranger – der Fjord der Fjorde – gilt als der berühmteste Fjord Norwegens. Er bildet die östliche Fortsetzung des Sunnlysfjords, der seinerseits vom Storfjord abzweigt. Die schönste Möglichkeit, den Fjord zu sehen, bietet sich einmal vom Aussichtspunkt Flydalsjuvet, der hoch über dem Fjordende auf einem Felsen liegt. Ferner kann man auf einer Mautstraße auf den Dalsnibba fahren und aus 1500 Metern Höhe in den Fjord blicken. Von der Adlerstraße, die von Geiranger aus nach Norden führt, bietet die oberste Kehre einen atemberaubenden Blick auf den Fjord. Hier sind auch die Krümmungen des Meeresarmes und die steilen Seitenwände besonders gut zu sehen. Immer lohnend gestaltet sich die Fahrt mit der Autofähre von Hellesylt nach Geiranger, die als öffentliches Verkehrsmittel täglich viermal, in der Hochsaison bis zu fünfzehnmal durch den Fjord fährt.

Die Überfahrt beginnt in Hellesylt, einem kleinen Fischerdörfchen am Ende des Sunnlysfjorden. Nach 15 Minuten Fahrzeit biegt die Fähre nach rechts in den engen

Seitenarm des Geirangerfjords ein. An der Mündung sehen wir zum einsamen Gehöft von Matvik hinüber, das auf einem kleinen Landvorsprung liegt. Nach weiteren 15 Minuten tauchen rechter Hand die Gehöfte von Syltavik und Blomberg auf, sie liegen jedoch auf den sonnigen Anhöhen des Fjords 600 Meter über dem Meer. Die Bewohner konnten nur über zusammengeknüpfte Strickleitern zu Tal steigen, ansonsten gab es keine Verbindung mit der Außenwelt. An dieser Stelle wird der Fjord von bis zu 700 Meter hohen Felswänden umrahmt. Zahlreiche Wasserfälle stürzen von allen Seiten herab. Die berühmtesten sind der »Brautschleier« und die »Sieben Schwestern«. Dieser Wasserfall besteht zur Zeit der Schneeschmelze im Juni aus sieben Seitenarmen. Wenn wir uns dem Fjordende nähern, sehen wir auf der linken Seite Abschnitte der Adlerstraße, die vom Fjord aus mit elf Serpentinen mehr als 600 Meter ansteigt und nach Norden zum Nordalsfjord führt. Schließlich erreichen wir das enge Fjordende.

Mehrere kleine Wanderwege führen zu landschaftlichen Besonderheiten rund um den engen Talschluß. Etwa 400 Höhenmeter über dem Fjord liegt der berühmte Aussichtspunkt **Flydalsjuvet**, ein überhängender Felsvorsprung. Er bietet den viel gesehenen Ausblick auf den Fjord. Ganz in der Nähe beginnt die etwa zweistündige Wanderung zum **Storseterfossen**. Die Besonderheit dieses Wasserfalls besteht darin, daß man über einen schmalen Steig im Fels hinter den Wasserschleier gehen kann. Wir folgen zuerst dem Weg zum Gehöft Vesterås und biegen nach 900 Metern rechts auf einen Feldweg ab. Wenige hundert Meter später zweigt ein steiler und oft rutschiger Pfad nach links ab, der durch den Birkenwald eine halbe Stunde bis zum Wasserfall ansteigt. Der Storseterfossen stürzt über eine breite und überhängende

Der Storseterfossen oberhalb von Geiranger.

Abbruchkante in einen 30 Meter tiefen Felstrichter. Hinter dem Wasserschleier ist im weichen Gestein eine grottenförmige Vertiefung entstanden, die über einen schmalen, in den Fels gehauenen Steig zugänglich ist. Wir schlängeln uns auf dem mit Ketten und Seilen gesicherten Pfad hinter den herabstürzenden Wassermassen vorbei und sehen unvermittelt in die Tiefe des Trichters. Der Rückweg zum Ausgangspunkt erfolgt über denselben Steig.

Von Geiranger führt die RV 63, die berühmte Adlerstraße zum Nordalsfjord. Dort bringt uns eine Autofähre an das Nordufer, um wiederum ins Bergland anzusteigen. Den Abstieg ins Tal nach Andalsnes bewältigen wir auf den berühmten Trollstigen, einer kühnen Serpentinenstraße, die auf wenigen Kilometern 800 Höhenmeter überwindet. Diese Tagestour, die den Beinamen »Golden Route« bekommen hat, enthält spektakuläre Fjordabschnitte, gewaltige Panoramablicke sowie Eindrücke von den Hochfjells, die zwischen den Fjorden eine Höhe von mehr als 1000 Metern erreichen.

Register

Kursive Seitenzahlen verweisen auf Abbildungen;
NP = Nationalpark.

Peter Mertz, geboren 1960 in Innsbruck, ist Biologe und Fotograf. Er arbeitet als freier Wissenschaftler, Fotograf und Buchautor in seinem Büro für »Ökologie & Kreativität« in Innsbruck. Seine Arbeiten wurden in verschiedenen Reisemagazinen wie »Geo Saison«, »Globo« und »Merian« veröffentlicht. Norwegen kennt er von zahlreichen Reisen. Für Bruckmann hat er zuletzt den Band »Skandinavien Nationalparks« veröffentlicht.

In gleicher Ausstattung sind erschienen:

- Naturwanderführer GARDASEE
ISBN 3-7654-3331-4
- Naturwanderführer MALLORCA
ISBN 3-7654-3330-6
- Naturwanderführer MADEIRA
ISBN 3-7654-3332-2

Eine Produktion des Bruckmann-Teams, München

Konzeption (verantwortlich): Robert Fischer

Lektorat und Bildredaktion: Barbara Kiesewetter

Fachliche Beratung: Peter Mertz, Innsbruck

Produktion, Layout und Umschlaggestaltung: VerlagsService Dr. Helmut Neuberger & Karl Schaumann GmbH, Heimstetten.

Umschlagfotos: Peter Mertz

Kartographie: Elsner & Schichor, Karlsruhe

Piktogramme: Theiss Heidolph, Computerkartographie/Computergrafik, Eching am Ammersee

Bildnachweis:

Alle Fotos von Peter Mertz, außer:

Frank Hecker: 15 u, 52, 53, 61, 87 M, 14/15; Werner Küpker: 106; Eckart Pott: 20/21, 69, 76/77; Tierfoto Reinhard: 88, 98/99; Konrad Wothe/look: 39 Mr.

Alle Angaben dieses Werkes wurden vom Autor sorgfältig recherchiert und auf den aktuellen Stand gebracht sowie vom Verlag auf Stimmigkeit geprüft. Für die Richtigkeit der Angaben kann jedoch keine Haftung übernommen werden. Für Hinweise und Anregungen sind wir jederzeit dankbar. Bitte richten Sie diese an die F. Bruckmann Produkt KG, Lektorat, Nymphenburger Straße 86, 80636 München.

Gedruckt auf chlorfrei gebleichtem Papier

Die Deutsche Bibliothek – CIP-Einheitsaufnahme
Mertz, Peter
Norwegen / Peter Mertz –
München: Bruckmann 1998
(Naturwanderführer)
ISBN 3-7654-3341-1
NE,Mertz, Peter

Gesamtherstellung: Bruckmann, München
Printed in Germany
ISBN 3-7654-3341-1